CONSTITUCIÓN ESPAÑOLA INTERPRETADA

DEMOCRACIA Y PATRIA

Pierre Marie Mouronval

Título: CONSTITUCIÓN ESPAÑOLA INTERPRETADA: DEMOCRACIA Y PATRIA
© Pierre Marie Mouronval Morales, 2017-2022.
© CreateSpace, 2017.
© DBA of On-Demand Publishing, LLC.
© Kindle Direct Publishing ("KDP").
© occĭdens (Occidente: unidad civilizada de países de varios continentes, la potencia ideológica que mueve el mundo, que obra con justicia, cristianismo y razón, cuyas culturas y lenguas tienen su origen principal en Europa).

1.ª edición por el 6 de diciembre de 2017, el Día de la Constitución Española.
1.ª edición revisada en julio de 2022.

ISBN del libro impreso: 9781981730957.

Sello: Independently published.
Editado por Kindle Direct Publishing bajo demanda.

Diseño de cubierta: © Pierre Marie Mouronval Morales.

Casi todos los derechos reservados. La Constitución Española de 1978 es de dominio público español. Pero esta publicación no puede ser reproducida, en las partes que comentan dicho texto constitucional español, ni registrada en o transmitida por, un sistema de recuperación de información, en ninguna forma ni por ningún medio, sea mecánico, fotoquímico, electrónico, digital, magnético, electroóptico, por fotocopia, o cualquier otro, sin el permiso previo por escrito del autor.

ÍNDICE

ÍNDICE CONSTITUCIONAL
pág. 6

ÍNDICE DE ARTÍCULOS CONSTITUCIONALES
pág. 7

CONSTITUCIÓN ESPAÑOLA INTERPRETADA
pág. 19

ÍNDICE GENERAL DE TÉRMINOS
pág. 205

ÍNDICE CONSTITUCIONAL

PREÁMBULO, pág. 19

TÍTULO PRELIMINAR, pág. 26

TÍTULO I. De los derechos y deberes fundamentales, pág. 46
- CAPÍTULO PRIMERO. De los españoles y los extranjeros, pág. 47
- CAPÍTULO SEGUNDO. Derechos y libertades, pág. 50
- CAPÍTULO TERCERO. De los principios rectores de la política social y económica, pág. 75
- CAPÍTULO CUARTO. De las garantías de las libertades y derechos fundamentales, pág. 84
- CAPÍTULO QUINTO. De la suspensión de los derechos y libertades, pág. 86

TÍTULO II. De la Corona, pág. 88

TÍTULO III. De las Cortes Generales, pág. 99
- CAPÍTULO PRIMERO. De las Cámaras, pág. 99
- CAPÍTULO SEGUNDO. De la elaboración de las leyes, pág. 112
- CAPÍTULO TERCERO. De los Tratados Internacionales, pág. 120

TÍTULO IV. Del Gobierno y de la Administración, pág. 123

TÍTULO V. De las relaciones entre el Gobierno y las Cortes Generales, pág. 134

TÍTULO VI. Del Poder Judicial, pág. 140

TÍTULO VII. Economía y Hacienda, pág. 151

TÍTULO VIII. De la organización territorial del Estado, pág. 161
- CAPÍTULO PRIMERO. Principios generales, pág. 161
- CAPÍTULO SEGUNDO. De la Administración Local, pág. 166
- CAPÍTULO TERCERO. De las Comunidades Autónomas, pág. 168

TÍTULO IX. Del Tribunal Constitucional, pág. 188

TÍTULO X. De la reforma constitucional, pág. 193

DISPOSICIONES ADICIONALES, pág. 197

DISPOSICIONES TRANSITORIAS, pág. 199

DISPOSICIÓN DEROGATORIA, pág. 203

DISPOSICIÓN FINAL, pág. 204

ÍNDICE DE ARTÍCULOS CONSTITUCIONALES

Art. 1: LA SOBERANÍA RESIDE EN EL PUEBLO,
pág. 26
Art. 2: LA UNIDAD DE LA NACIÓN Y EL DERECHO A
LA AUTONOMÍA,
pág. 28
Art. 3: LA LENGUA ESPAÑOLA Y EL RESTO DE LENGUAS
AUTONÓMICAS,
pág. 35
Art. 4: LA BANDERA DE ESPAÑA Y EL RESTO DE BANDERAS
AUTONÓMICAS,
pág. 37
Art. 5: MADRID ES LA CAPITAL DE ESPAÑA,
pág. 39
Art. 6: LOS PARTIDOS POLÍTICOS,
pág. 39
Art. 7: LOS SINDICATOS Y LAS ASOCIACIONES EMPRESARIALES,
pág. 40
Art. 8: LAS FUERZAS ARMADAS,
pág. 41
Art. 9.1: EL RESPETO A LA LEY,
pág. 43
Art. 9.2: ASEGURAR LA LIBERTAD Y LA IGUALDAD,
pág. 44
Art. 9.3: LAS GARANTÍAS JURÍDICAS,
pág. 44
Art. 10: LOS DERECHOS DE LA PERSONA,
pág. 46
Art. 11: LA NACIONALIDAD,
pág. 47
Art. 12: LA MAYORÍA DE EDAD,
pág. 49
Art. 13: LOS DERECHOS DE LOS EXTRANJEROS,
pág. 49
Art. 14: LA IGUALDAD ANTE LA LEY,
pág. 52
Art. 15: EL DERECHO A LA VIDA,
pág. 53
Art. 16: LA LIBERTAD IDEOLÓGICA Y RELIGIOSA,
pág. 54
Art. 17: EL DERECHO A LA LIBERTAD PERSONAL,
pág. 56

Art. 18.1: EL DERECHO A LA INTIMIDAD Y AL HONOR,
pág. 57
Art. 18.2: INVIOLABILIDAD DEL DOMICILIO,
pág. 57
Art. 19: LA LIBERTAD DE RESIDENCIA Y CIRCULACIÓN,
pág. 58
Art. 20: LA LIBERTAD DE EXPRESIÓN,
pág. 59
Art. 21: EL DERECHO DE REUNIÓN,
pág. 60
Art. 22: EL DERECHO DE ASOCIACIÓN,
pág. 61
Art. 23: EL DERECHO DE PARTICIPACIÓN,
pág. 62
Art. 24: LA PROTECCIÓN JUDICIAL DE LOS DERECHOS,
pág. 63
Art. 25.1: EL PRINCIPIO DE LEGALIDAD PENAL,
pág. 64
Art. 25.2: EL TRABAJO REMUNERADO PARA LOS RECLUSOS,
pág.64
Art. 26: LA PROHIBICIÓN DE LOS TRIBUNALES DE HONOR,
pág. 65
Art. 27: EL DERECHO A LA EDUCACIÓN Y
LA LIBERTAD DE ENSEÑANZA,
pág. 65
Art. 27.10: LA AUTONOMÍA UNIVERSITARIA,
pág. 67
Art. 28.1: LA LIBERTAD DE SINDICACIÓN,
pág. 67
Art. 28.2: EL DERECHO A LA HUELGA,
pág. 68
Art. 29: EL DERECHO DE PETICIÓN,
pág. 69
Art. 30: EL SERVICIO MILITAR Y LA OBJECIÓN DE CONCIENCIA,
pág. 69
Art. 31: EL SISTEMA TRIBUTARIO,
pág. 70
Art. 32: EL MATRIMONIO,
pág. 71
Art. 33: EL DERECHO A LA PROPIEDAD PRIVADA Y
LA HERENCIA,
pág. 71
Art. 34: EL DERECHO DE FUNDACIÓN,
pág. 72

Art. 35: EL TRABAJO, DERECHO Y DEBER,
pág. 73
Art. 36: LOS COLEGIOS PROFESIONALES,
pág. 73
Art. 37: LOS CONVENIOS Y LOS CONFLICTOS LABORALES,
pág. 74
Art. 38: LA LIBERTAD DE EMPRESA, LA ECONOMÍA
DE MERCADO,
pág. 74
Art. 39: LA PROTECCIÓN A LA FAMILIA Y LA INFANCIA,
pág. 75
Art. 40.1: LA REDISTRIBUCIÓN DE LA RENTA Y
EL PLENO EMPLEO,
pág. 76
Art. 40.2: LA FORMACIÓN PROFESIONAL.
Y LA JORNADA LABORAL Y EL DESCANSO,
pág. 76
Art. 41: LA SEGURIDAD SOCIAL,
pág. 77
Art. 42: LOS EMIGRANTES,
pág. 77
Art. 43.1: LA PROTECCIÓN A LA SALUD,
pág. 78
Art. 43.3: EL FOMENTO DEL DEPORTE,
pág. 78
Art. 44: EL ACCESO A LA CULTURA,
pág. 78
Art. 45.1: EL MEDIO AMBIENTE,
pág. 79
Art. 45.2: LA CALIDAD DE VIDA,
pág. 79
Art. 46: LA CONSERVACIÓN DEL PATRIMONIO ARTÍSTICO,
pág. 80
Art. 47: EL DERECHO A LA VIVIENDA.
Y LA UTILIZACIÓN DEL SUELO,
pág. 81
Art. 48: LA PARTICIPACIÓN DE LA JUVENTUD,
pág. 81
Art. 49: LA ATENCIÓN A LOS DISCAPACITADOS,
pág. 82
Art. 50: LA TERCERA EDAD,
pág. 82
Art. 51: LA DEFENSA DE LOS CONSUMIDORES,
pág. 83

Art. 52: LAS ORGANIZACIONES PROFESIONALES,
pág. 83
Art. 53.1: LA TUTELA DE LIBERTADES Y DERECHOS,
pág. 84
Art. 53.2: EL RECURSO DE AMPARO,
pág. 84
Art. 54: EL DEFENSOR DEL PUEBLO,
pág. 85
Art. 55: LA SUSPENSIÓN DE LOS DERECHOS Y LAS LIBERTADES,
pág. 86
Art. 56: EL REY DE ESPAÑA,
pág. 89
Art. 57.1: LA SUCESIÓN EN LA CORONA,
pág. 91
Art. 57.2: LA PRINCESA DE ASTURIAS,
pág. 91
Art. 58: LA REINA DE ESPAÑA,
pág. 92
Art. 59: LA REGENCIA,
pág. 92
Art. 60: LA TUTELA DEL REY DE ESPAÑA,
pág. 93
Art. 61: LA PROCLAMACIÓN DEL REY DE ESPAÑA,
pág. 93
Art. 62: LAS FUNCIONES DEL REY DE ESPAÑA,
pág. 94
Art. 63.1: LA ACREDITACIÓN DE EMBAJADORES,
pág. 95
Art. 63.3: LA DECLARACIÓN DE GUERRA,
pág. 95
Art. 64: EL REFRENDO DE LOS ACTOS DEL REY DE ESPAÑA,
pág. 95
Art. 65: LA CASA DE SU MAJESTAD EL REY,
pág. 96
Art. 66.1: LAS CORTES GENERALES,
pág. 99
Art. 66.2: LA POTESTAD LEGISLATIVA Y EL CONTROL
DEL GOBIERNO,
pág. 99
Art. 67: EL MANDATO PARLAMENTARIO,
pág. 100
Art. 68.1: EL CONGRESO DE LOS DIPUTADOS,
pág. 101

Art. 68.4: LOS CUATRO AÑOS DE LEGISLATURA,
pág. 102
Art. 69.1: EL SENADO,
pág. 103
Art. 69.6: LOS CUATRO AÑOS DE LEGISLATURA,
pág. 104
Art. 70: LAS INCOMPATIBILIDADES Y LAS INELEGIBILIDADES,
pág. 104
Art. 71: LA INVIOLABILIDAD E INMUNIDAD PARLAMENTARIAS,
pág. 105
Art. 72: LOS REGLAMENTOS DE LAS CÁMARAS,
pág. 106
Art. 73: LAS SESIONES DE LAS CÁMARAS,
pág. 107
Art. 74: LAS SESIONES CONJUNTAS DE LAS CÁMARAS,
pág. 107
Art. 75: EL PLENO Y LAS COMISIONES DE LAS CÁMARAS,
pág. 108
Art. 76: LAS COMISIONES DE INVESTIGACIÓN,
pág. 109
Art. 77: LAS PETICIONES A LAS CÁMARAS,
pág. 109
Art. 78: LAS DIPUTACIONES PERMANENTES,
pág. 110
Art. 79: LA ADOPCIÓN DE LOS ACUERDOS,
pág. 111
Art. 80: LA PUBLICIDAD DE LAS SESIONES,
pág. 111
Art. 81: LAS LEYES ORGÁNICAS,
pág. 112
Art. 82.1: LA DELEGACIÓN LEGISLATIVA,
pág. 113
Art. 82.5: LA REFUNDICIÓN DE TEXTOS LEGALES,
pág. 114
Art. 83: LA LIMITACIÓN A LAS LEYES DE BASES,
pág. 114
Art. 84: LA DEROGACIÓN DE UNA LEY DE DELEGACIÓN,
pág. 114
Art. 85: LOS DECRETOS LEGISLATIVOS,
pág. 115
Art. 86: LOS DECRETOS-LEYES Y SU CONVALIDACIÓN,
pág. 115
Art. 87.1: LA INICIATIVA LEGISLATIVA,
pág. 116

Art. 87.2: LA INICIATIVA LEGISLATIVA DE
LAS COMUNIDADES AUTÓNOMAS,
pág. 116
Art. 87.3: LA INICIATIVA LEGISLATIVA POPULAR,
pág. 116
Art. 88: LOS PROYECTOS DE LEY,
pág. 117
Art. 89: LAS PROPOSICIONES DE LEY,
pág. 117
Art. 90: LA ACTUACIÓN LEGISLATIVA DEL SENADO,
pág. 118
Art. 91: LA SANCIÓN Y LA PROMULGACIÓN DE LAS LEYES,
pág. 119
Art. 92: EL REFERÉNDUM,
pág. 119
Art. 93: LOS TRATADOS O ACUERDOS INTERNACIONALES,
pág. 120
Art. 94: LA AUTORIZACIÓN DE LAS CORTES GENERALES PARA
DETERMINADOS TRATADOS INTERNACIONALES,
pág. 121
Art. 95: LOS TRATADOS INTERNACIONALES Y
LA CONSTITUCIÓN,
pág. 122
Art. 96: LA DEROGACIÓN Y LA DENUNCIA DE LOS TRATADOS Y
LOS CONVENIOS INTERNACIONALES,
pág. 122
Art. 97: EL GOBIERNO,
pág. 123
Art. 98: LA COMPOSICIÓN DEL GOBIERNO,
pág. 123
Art. 99.1: EL NOMBRAMIENTO DEL PRESIDENTE
DEL GOBIERNO,
pág. 125
Art. 99.3: EL VOTO DE INVESTIDURA,
pág. 126
Art. 100: EL NOMBRAMIENTO DE LOS MINISTROS,
pág. 126
Art. 101: EL CESE DEL GOBIERNO,
pág. 127
Art. 102: RESPONSABILIDAD DE LOS MIEMBROS DEL GOBIERNO,
pág. 127
Art. 103.1: LA ADMINISTRACIÓN PÚBLICA,
pág. 128

Art. 103.3: EL ESTATUTO DE LOS FUNCIONARIOS PÚBLICOS,
pág. 130
Art. 104: LAS FUERZAS Y CUERPOS DE SEGURIDAD DEL ESTADO,
pág. 131
Art. 105: LA PARTICIPACIÓN DE LOS CIUDADANOS,
pág. 131
Art. 106: EL CONTROL JUDICIAL DE LA ADMINISTRACIÓN,
pág. 132
Art. 107: EL CONSEJO DE ESTADO,
pág. 133
Art. 108: LA RESPONSABILIDAD DEL GOBIERNO ANTE
EL PARLAMENTO,
pág. 134
Art. 109: EL DERECHO DE INFORMACIÓN DE LAS CÁMARAS,
pág. 134
Art. 110: EL GOBIERNO EN LAS CÁMARAS,
pág. 135
Art. 111: LAS INTERPELACIONES Y LAS PREGUNTAS,
pág. 135
Art. 112: LA CUESTIÓN DE CONFIANZA,
pág. 136
Art. 113: LA MOCIÓN DE CENSURA,
pág. 136
Art. 114: LA DIMISIÓN DEL GOBIERNO,
pág. 137
Art. 115: LA DISOLUCIÓN DE LAS CÁMARAS,
pág. 137
Art. 116.2: EL ESTADO DE ALARMA,
pág. 138
Art. 116.3: EL ESTADO DE EXCEPCIÓN,
pág. 138
Art. 116.4: EL ESTADO DE SITIO,
pág. 138
Art. 117.1: LA INDEPENDENCIA DE LA JUSTICIA,
pág. 141
Art. 117.2: LA INAMOVILIDAD DE LOS JUECES Y
LOS MAGISTRADOS,
pág. 141
Art. 117.5: LA UNIDAD JURISDICCIONAL,
pág. 142
Art. 118: LA COLABORACIÓN CON LA JUSTICIA,
pág. 142
Art. 119: LA GRATUIDAD DE LA JUSTICIA,
pág. 143

Art. 120: LA PUBLICIDAD DE LAS ACTUACIONES JUDICIALES,
pág. 143
Art. 121: LA INDEMNIZACIÓN POR ERRORES JUDICIALES,
pág. 144
Art. 122.1: LOS JUZGADOS Y LOS TRIBUNALES,
pág. 144
Art. 122.2: EL CONSEJO GENERAL DEL PODER JUDICIAL,
pág. 144
Art. 123: EL TRIBUNAL SUPREMO,
pág. 145
Art. 124.1: EL MINISTERIO FISCAL,
pág. 146
Art. 124.4: EL FISCAL GENERAL DEL ESTADO,
pág. 148
Art. 125: LA INSTITUCIÓN DEL JURADO,
pág. 148
Art. 126: LA POLICÍA JUDICIAL,
pág. 148
Art. 127: LAS INCOMPATIBILIDADES DE LOS JUECES,
LOS MAGISTRADOS Y LOS FISCALES,
pág. 150
Art. 128: LA FUNCIÓN PÚBLICA DE LA RIQUEZA,
pág. 151
Art. 129: LA PARTICIPACIÓN EN LA EMPRESA Y
EN LOS ORGANISMOS PÚBLICOS,
pág. 152
Art. 130: EL DESARROLLO DEL SECTOR ECONÓMICO,
pág. 152
Art. 131: LA PLANIFICACIÓN DE LA ACTIVIDAD ECONÓMICA,
pág. 153
Art. 132: LOS BIENES DE DOMINIO PÚBLICO,
pág. 154
Art. 133: LA POTESTAD TRIBUTARIA,
pág. 155
Art. 134: LOS PRESUPUESTOS GENERALES DEL ESTADO,
pág. 155
Art. 135.1: EL PRINCIPIO DE ESTABILIDAD PRESUPUESTARIA,
pág. 157
Art. 135.3: LA DEUDA PÚBLICA,
pág. 157
Art. 136: EL TRIBUNAL DE CUENTAS,
pág. 159

Art. 137: LA ORGANIZACIÓN TERRITORIAL: LOS MUNICIPIOS, LAS PROVINCIAS Y LAS COMUNIDADES AUTÓNOMAS,
pág. 161
Art. 138.1: LA SOLIDARIDAD TERRITORIAL,
pág. 162
Art. 138.2: LA IGUALDAD TERRITORIAL,
pág. 162
Art. 139: LA IGUALDAD DE LOS ESPAÑOLES EN LOS TERRITORIOS DEL ESTADO,
pág. 165
Art. 140: LA AUTONOMÍA Y LA DEMOCRACIA MUNICIPAL,
pág. 166
Art. 141: LAS PROVINCIAS Y LAS ISLAS,
pág. 166
Art. 142: LAS HACIENDAS LOCALES,
pág. 167
Art. 143.1: EL AUTOGOBIERNO DE LAS COMUNIDADES AUTÓNOMAS,
pág. 168
Art. 143.2: LA INICIATIVA AUTONÓMICA,
pág. 169
Art. 144: EL PODER DEL CONGRESO Y DEL SENADO PARA CREAR COMUNIDADES AUTÓNOMAS,
pág. 169
Art. 145: LAS RELACIONES O LA COOPERACIÓN ENTRE LAS COMUNIDADES AUTÓNOMAS,
pág. 169
Art. 146: LA ELABORACIÓN DEL ESTATUTO O EL PROYECTO DE ESTATUTO DE AUTONOMÍA,
pág. 170
Art. 147.1: EL CONTENIDO DE LOS ESTATUTOS DE AUTONOMÍA,
pág. 171
Art. 147.3: LA REFORMA DE LOS ESTATUTOS DE AUTONOMÍA,
pág. 171
Art. 148: LAS COMPETENCIAS DE LAS COMUNIDADES AUTÓNOMAS,
pág. 172
Art. 149.1: LAS COMPETENCIAS EXCLUSIVAS DEL ESTADO,
pág. 173
Art. 149.2: EL SERVICIO DEL ESTADO A LA CULTURA,
pág. 176
Art. 150.1: LA COORDINACIÓN DE COMPETENCIAS LEGISLATIVAS,
pág. 177

Art. 150.2: LAS LEYES DE REPARTO DE COMPETENCIAS,
pág. 178
Art. 151: LAS CC. AA. CON TODAS LAS COMPETENCIAS Y
LA ELABORACIÓN DEL ESTATUTO EN RÉGIMEN ESPECIAL,
pág. 178
Art. 152: LOS ÓRGANOS O LAS INSTITUCIONES DE
LAS COMUNIDADES AUTÓNOMAS,
pág. 180
Art. 153: EL CONTROL DE LOS ÓRGANOS DE
LAS COMUNIDADES AUTÓNOMAS,
pág. 181
Art. 154: EL DELEGADO DEL GOBIERNO EN
LAS COMUNIDADES AUTÓNOMAS,
pág. 182
Art. 155.1: LA INTERVENCIÓN DEL ESTADO EN
LAS COMUNIDADES AUTÓNOMAS,
pág. 183
Art. 155.2: LA REACCIÓN DEL GOBIERNO CON
LOS INCUMPLIMIENTOS DE LAS COMUNIDADES AUTÓNOMAS,
pág. 184
Art. 156: LA AUTONOMÍA FINANCIERA DE LAS C. AUTÓNOMAS,
pág. 185
Art. 157: LOS RECURSOS DE LAS COMUNIDADES AUTÓNOMAS,
pág. 186
Art. 158.2: EL FONDO DE COMPENSACIÓN INTERTERRITORIAL,
pág. 187
Art. 159: EL TRIBUNAL CONSTITUCIONAL,
pág. 188
Art. 160: EL PRESIDENTE DEL TRIBUNAL CONSTITUCIONAL,
pág. 189
Art. 161: LAS COMPETENCIAS DEL TRIBUNAL CONSTITUCIONAL,
pág. 189
Art. 162: RECURSOS DE INCONSTITUCIONALIDAD Y AMPARO,
pág. 191
Art. 163: LA CUESTIÓN DE INCONSTITUCIONALIDAD,
pág. 191
Art. 164: LAS SENTENCIAS DEL TRIBUNAL CONSTITUCIONAL,
pág. 191
Art. 165: LA ORGANIZACIÓN DEL TRIBUNAL CONSTITUCIONAL,
pág. 192
Art. 166: INICIATIVA DE LA REFORMA CONSTITUCIONAL,
pág. 193
Art. 167.1: LAS REFORMAS ORDINARIAS DE LA CONSTITUCIÓN,
pág. 194

Art. 167.2: LOS VOTOS NECESARIOS PARA
LA REFORMA DE LA CONSTITUCIÓN,
pág. 194

Art. 168: LAS REFORMAS ESENCIALES DE LA CONSTITUCIÓN Y
LA REFORMA ESPECIAL DE ALGUNAS PARTES,
pág. 195

Art. 169: PROHIBICIÓN A LA REFORMA CONSTITUCIONAL,
pág. 196

Disposición adicional primera: DERECHOS HISTÓRICOS DE
LOS TERRITORIOS FORALES,
pág. 197

Disposición adicional segunda: LA MAYORÍA DE EDAD SEGÚN
LOS DERECHOS FORALES,
pág. 197

Disposición adicional tercera: EL RÉGIMEN ECONÓMICO Y
FISCAL DE CANARIAS,
pág. 198

Disposición adicional cuarta: DISTRIBUCIÓN DE COMPETENCIAS DE
TRIBUNALES SUPERIORES DE JUSTICIA EN C. AUTÓNOMA,
pág. 198

Disposición transitoria primera: LA INICIATIVA DE LA ELABORACIÓN
DEL ESTATUTO DE AUTONOMÍA POR
LOS ÓRGANOS PREAUTONÓMICOS,
pág. 199

Disposición transitoria quinta: LAS CIUDADES DE CEUTA Y MELILLA,
pág. 200

Disposición transitoria séptima: LA DISOLUCIÓN DE LOS ÓRGANOS
PROVISIONALES AUTONÓMICOS,
pág. 201

Disposición transitoria octava: LAS ACTUALES CÁMARAS Y
EL GOBIERNO DESPUÉS DE APROBARSE
LA CONSTITUCIÓN ESPAÑOLA,
pág. 201

Disposición transitoria novena: LA PRIMERA RENOVACIÓN
DEL TRIBUNAL CONSTITUCIONAL,
pág. 202

Disposición derogatoria 1: LA DEROGACIÓN DE
LAS LEYES FUNDAMENTALES,
pág. 203

Disposición derogatoria 2: LA DEROGACIÓN DEL REAL DECRETO
DE 25 DE OCTUBRE DE 1839 Y LEY DE 21 DE JULIO DE 1876,
pág. 203

Disposición final,
pág. 204

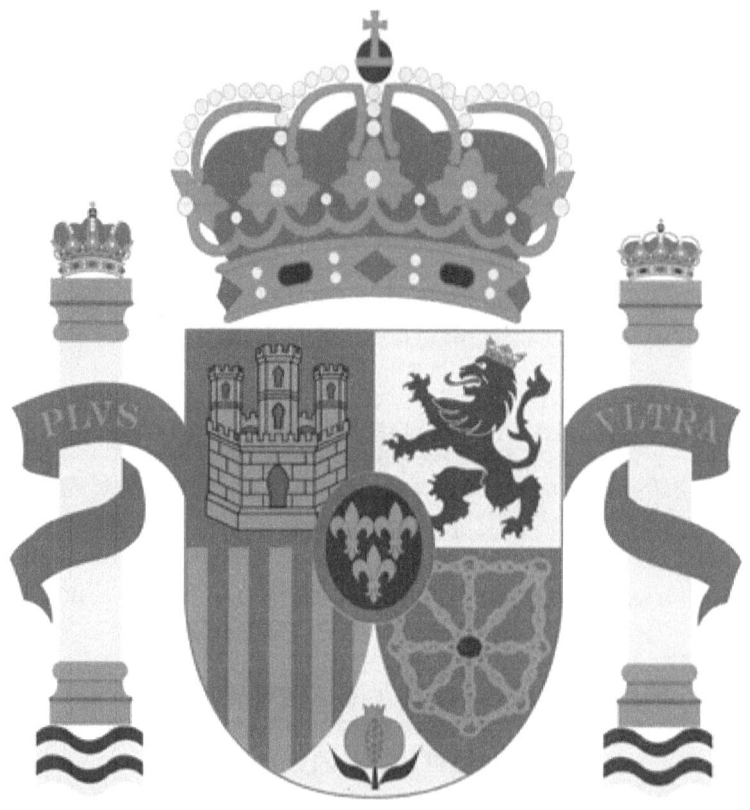

Preámbulo

La Nación española, deseando establecer la justicia, la libertad y la seguridad y promover el bien de cuantos la integran, en uso de su soberanía, proclama su voluntad de:

Garantizar la convivencia democrática dentro de la Constitución y de las leyes conforme a un orden económico y social justo.

Consolidar un Estado de Derecho que asegure el imperio de la Ley como expresión de la voluntad popular.

Proteger a todos los españoles y pueblos de España en el ejercicio de los derechos humanos, sus culturas y tradiciones, lenguas e instituciones.

Promover el progreso de la cultura y de la economía para asegurar a todos una digna calidad de vida.

Establecer una sociedad democrática avanzada, y

Colaborar en el fortalecimiento de unas relaciones pacíficas y de eficaz cooperación entre todos los pueblos de la Tierra.

En consecuencia, las Cortes aprueban y el pueblo español ratifica la siguiente

Constitución

El Preámbulo abre las puertas de la Constitución Española para que todos los ciudadanos puedan leerla, comprenderla, pensarla, aceptarla, obedecerla, acatarla, legitimarla, admirarla, amarla, vivirla y sentirla como propia: nos pertenece este texto que nos define como españoles, porque la Constitución Española es la definición más pura de España en solo ciento sesenta y nueve Artículos.

El Preámbulo es breve; es una fórmula que, históricamente, expresa solemnidad y precisión de una manera sencilla y a la vez definitoria. Al instante somos conscientes de la importancia trascendental que va a tener el texto constitucional en nuestra vida diaria. El Preámbulo es el marco que encuadra nuestro modelo de convivencia: unas pocas palabras de suma importancia enmarcan de manera sobresaliente los siguientes Artículos de la Constitución Española. Nuestra Carta Magna es verdaderamente justa, reconoce los derechos humanos, aplica la separación de poderes para limitarlos, etcétera.

El Preámbulo no tiene un carácter normativo, porque es la carta de bienvenida a un país cargado de Historia, de digno presente y de esperanzador futuro. Se nos presenta la Carta Magna, un libro que nos enseña a ser buenas personas españolas y ciudadanos modélicos para el resto del mundo, páginas que desvelan las claves para seguir engrandeciendo España con el esfuerzo y el trabajo incesante de todas las instituciones del Estado y, particularmente, de la Corona.

Si en el principio de los tiempos era el Verbo, en el principio de nuestro país siempre estuvo la Nación Española y sus ideales de justicia, libertad, seguridad y bienestar compartido. Desde un primer momento, en la Constitución Española, todos los ciudadanos españoles somos los protagonistas de la democracia y de la Patria misma.

El Preámbulo presenta los objetivos más humanos y conmovedores de la Patria, uniéndonos y reconciliándonos para siempre. España no es solo para los españoles, sino que se reconoce a sí misma a través de su interacción con el resto de países del mundo:

- España garantiza la convivencia democrática; los españoles vivirán en paz, ayudándose unos a otros, protegidos por las instituciones del Estado para evitar la pobreza, con un sistema social y económico cada vez más justo y solidario.
- España es un Estado de Derecho, donde el cumplimiento de las leyes está absolutamente asegurado gracias a la vigilante Carta Magna; todos los ciudadanos tienen el deber de respetar y cumplir las normas y las reglas que garantizan nuestra convivencia pacífica. Nadie en España podrá jamás saltarse las leyes; el imperio de la Ley está

omnipresente en el espacio público, en los lugares privados y en los hogares de manera específica. Obedecemos las leyes porque protegen literalmente nuestras vidas: acatar la Constitución Española es un principio irrenunciable para los ciudadanos que vivimos en España. Sin Carta Magna solo habría caos, odio y destrucción. El Estado de Derecho nos permite cerrar los ojos a la hora de dormir, conciliar el sueño y despertar pacíficamente al siguiente día en un país paradisíaco gracias a las libertades concedidas por la Constitución Española.

- España se ha hecho históricamente como un país de pueblos. Hoy admiramos nuestra diversidad cultural, nuestras lenguas, nuestras tradiciones... Nos aceptamos pensativos, festivos, bucólicos, entusiasmados, tímidos, extrovertidos, callados, habladores, morenos, rubios, pelirrojos, altos, bajos, fuertes, delgados... Nada ni nadie podrá oprimirnos jamás mientras la Constitución Española nos garantice ser iguales y diferentes, callar y protestar, comprender, equivocarnos, perdonar... Una Carta Magna que nos emociona con su propósito de asegurar la convivencia pacífica entre todos los españoles de un punto a otro del territorio nacional. Celebramos constitucionalmente nuestras ganas de convivir pacíficamente unas regiones con otras en una sola Nación por fin indivisible gracias al acuerdo logrado tras aprobarse esta Constitución.

- España hará progresar la cultura de nuestros pueblos y ciudades; aún nos queda muchísimo que ofrecer. Cada generación de españoles revitaliza la cultura del país, y las instituciones del Estado son cada vez más eficientes: los españoles nunca nos cansaremos de enriquecer nuestra cultura. Y nuestras vidas también se enriquecerán tras cualquier periodo superable de crisis económica; la calidad de vida española siempre mejorará, aunque sea a ritmos desiguales, pero se mantendrá o crecerá el bienestar en todos los territorios del país.

- España será siempre una sociedad democrática cada vez más avanzada. Los españoles incrementaremos nuestra participación política, año tras año, tomando decisiones en común e influyendo directamente sobre todas las instituciones del Estado; una sabiduría nacional y patriótica enraizará con fuerza en la práctica totalidad de los españoles, desechando con fuerza democrática esas aberrantes ideas independentistas o secesionistas, reconociendo los verdaderos y los necesarios intereses políticos que conducen a una España más fortalecida y más unida e indivisible que nunca. Votaremos y participaremos de manera más activa y directa en el desarrollo político de la

Nación española, decidiendo cada español *in situ* el mejor futuro para nuestra Patria.

- España puede relacionarse pacíficamente con todos los países del mundo; ya ha quedado demostrada nuestra supremacía histórica, porque fuimos capaces de conquistar y reconquistar; nada ni nadie puede poner en duda nuestras grandes gestas y heroicidades históricas: fuimos varios imperios, colonizamos para enriquecer gloriosamente la Historia de España, descubrimos nuevas tierras, exportamos e inculcamos los valores occidentales que hoy gobiernan el mundo. Conseguida la Gloria del Reino de España, a partir de la Carta Magna comienza un periodo de reafirmación histórica de nuestro país a través de la cooperación internacional, aleccionando al mundo a nivel social, cultural y económico, mostrando orgullosos la España que hemos logrado crear a lo largo de los siglos con esfuerzo, decisión, interés, patriotismo y sangre. Nuestras proezas históricas no pueden ponerse en duda; respetando la Historia de España en cada contexto de sus épocas, reconociendo el mérito de tantos españoles caídos en mil batallas, hemos logrado acallar el menosprecio, el desprestigio y las envidias de esas voces antipatrióticas. El mundo fue nuestro, y ahora nos reconciliamos con quienes se independizaron de España y no lograron prosperar como naciones plenamente democráticas y ricas; quienes abandonaron el Imperio español y se empobrecieron hasta hoy, tienen nuestro propósito de ayudarles a ser países modélicos como España, y así cooperaremos con todas esas naciones donde la miseria y la pobreza estén haciendo mella. Todos los ciudadanos que antaño pertenecieron a España, llevan hoy sangre española por sus arterias; los españoles prosperaron en aquellas históricas posesiones de ultramar, teniendo descendencia en tierras lejanas, embarazando a las indígenas, las nativas, las esclavas y las mujeres españolas que emigraron. Así, España coopera hoy con todo el mundo, porque nuestra semilla identitaria se repartió a los cuatro vientos: las nuevas generaciones de los países iberoamericanos son quienes más deben reconocer que son fruto de nuestras gloriosas gestas históricas, porque hubo un tiempo en que España fue la merecedora dueña y gobernadora del mundo, la conquistadora que sin complejos expandió Occidente como el mejor modelo de vida para todos los pueblos de la Tierra.

Un demócrata español de pro, un auténtico patriota español, tiene el deber de conocer su Carta Magna: la Constitución Española es democracia y Patria.

Por mucho o poco que se pueda reformar nuestra Constitución, bien es cierto que la Carta Magna tiene una duración indefinida, porque se escribió con un contenido humano, vivo y esperanzador, luego la Constitución Española se escribió a perpetuidad: además de la vida y el amor, nuestra Constitución es el mejor regalo que podemos ofrecer a las futuras generaciones españolas: un libro con los pilares de nuestro ordenamiento jurídico, la configuración de los poderes públicos y todas las libertades posibles para vivir en paz unos con otros.

El Congreso de los Diputados, el Senado y los ciudadanos votaron a favor de la Constitución Española en 1978. Porque todos los españoles siempre desearán, por el bien común, que haya libertad, justicia y seguridad en nuestra Nación. Apoyar la Constitución significa: convivir en una Nación democrática que organiza de manera justa la sociedad y la economía; vivir en una Nación cuyos ciudadanos respetan la ley; una Nación que salvaguarda sus tradiciones, su cultura, sus lenguas y sus instituciones; una Nación que busca mejorar el bienestar de los ciudadanos inculcándoles más cultura y mejorando su economía; una Nación donde su ciudadanía decide las cuestiones trascendentales de manera democrática; y un esfuerzo constante para que España continúe siendo un país modélico a nivel mundial, ayudando a consolidar la paz en aquellas naciones que nos necesitan.

Este Preámbulo no es solo una declaración de intenciones y finalidades constitucionales. Es un planteamiento existencial como gran Nación libre y democrática. Se plasma un enfoque moral que nos caracteriza como ciudadanos de España: así somos y así seremos ante el mundo. La Constitución Española expresa el mejor de los mundos posibles para España y el resto de la humanidad. Nuestro modelo de vida es ejemplar a partir del cumplimiento de la Carta Magna: somos libres, democráticos y occidentales de pro. Moralmente, estamos obligados a cumplir la Constitución Española, a desearla política y legalmente en nuestras vidas. Nuestra Constitución es el espejo de todos los españoles; la ciudadanía se refleja con nitidez en este texto constitucional. Somos lo que somos porque nos describe la Constitución Española, un texto cargado de nuestra gloriosa Historia española, de nuestro coraje presente y de nuestro inquebrantable futuro como Nación.

La Constitución Española debe ser el libro de cabecera del buen español. La mejor lectura de nuestra Nación es esta Carta Magna; cada Artículo interiorizado nos define como un pueblo unido y ejemplar. Con orgullo y decisión, aprenderemos nuestra Constitución que siempre sentiremos como propia: nos reconoceremos ancestralmente en este breve texto constitucional, redescubriremos una memoria colectiva que siglo tras siglo ha contribuido a crear nuestra mejor imagen de una España grande y libre. «¡Viva España!».

La Constitución Española puede considerarse el primer y único texto patriótico de España; por primera vez, en este texto constitucional estamos representados todos los españoles ahora y siempre para mayor gloria de nuestra Nación.

«Consolidar un Estado de Derecho que asegure el imperio de la Ley» supone que tenemos el deber de legitimar, democráticamente, nuestro propio Estado de Derecho. Porque nuestras leyes son fruto de la voluntad del pueblo español. Los ciudadanos votaron previamente a sus legisladores; todo el proceso legislativo en el Parlamento expresa la voluntad popular. Se acata el imperio de la Ley porque nos representa a todos, estamos obligados a cumplir la ley porque la hemos aceptado desde el principio: hemos elegido el imperio de la Ley para instaurar esta España grande y libre.

España es democracia y Patria: un pueblo que, gracias a su Constitución, se gobierna por su bien común y en provecho de su Nación a través de sus representantes libremente elegidos. Por España y para España nos gobiernan según la voluntad popular española. La Constitución es una fuente inagotable de consenso y pluralidad política.

La Constitución Española es el pilar que sostiene la inmensa y justa estructura de nuestro ordenamiento jurídico; es el Gran Libro de España, es una guía fundamental para cualquier desarrollo legislativo; es una fuente inagotable de inspiración para las leyes que se crean en nuestro país. Nuestra Constitución es el libro más importante de la Nación española; es la expresión absoluta y verdadera de todo un pueblo unido por una causa común: levantar España siempre hacia arriba. Es el proyecto común más ilusionante que tiene nuestra Patria. La Constitución Española es una obra maestra de todos los ciudadanos que la aprobaron mediante un referéndum: es la suprema expresión de millones de voces al unísono. Nuestra Constitución es un reflejo de la España que hoy somos y de lo grande que será este país por los siglos de los siglos. La vida y la muerte, a través de la memoria póstuma, de un ciudadano español están garantizadas a perpetuidad gracias a la existencia de nuestra Constitución; dicho texto constitucional es nuestra mejor garantía de supervivencia como individuos, grupos y Nación.

La Constitución Española fue consensuada por la práctica totalidad de la ciudadanía española: el "consenso" es la seña de identidad de nuestro texto constitucional. Y nuestra Constitución ha permitido la estabilidad política desde hace décadas. Disfrutamos de una Constitución ejemplar a nivel mundial, muy valorada por todos los países democráticos. Los siguientes Artículos de la Carta Magna permiten y permitirán a cualquier ciudadano en España vivir y morir dignamente en su propio país: alimentarse saludablemente, beber agua potable, respirar un aire limpio, desechar los excrementos con seguridad higiénica, tener higiene personal, disfrutar de un entorno salubre, tener una infancia segura, descansar con un sueño reparador, disfrutar de un entorno sin riesgos, relaciones sociales libres, tener actividad sexual libre, disponer de medios para el control de la natalidad, tener un embarazo y un parto seguros, disponer de protección policial pública que asegura la seguridad física de las personas y las cosas, tener una vivienda adecuada, acceso libre a un sistema sanitario público, ser educado por un sistema de enseñanza adecuado, tener un trabajo con un ambiente laboral sin riesgos, tener una seguridad económica a partir de un salario digno, disfrutar del tiempo libre, jugar, soñar... ¡Vivir feliz en España! Esto sí que es Patria, la tierra donde un español nace: es la tierra ordenada a perpetuidad como Nación, es la tierra de españoles por su naturaleza jurídica, histórica y afectiva. Incluso un extranjero, viviendo durante largo tiempo en nuestro país, podría llegar a formar parte de nuestra Patria. Porque la nación más patriótica de la tierra es esta España nuestra construida durante siglos a través de sus reinados. El cielo, la luz y la gloria de España son nuestra esencia patriótica que permanecerá inalterable generación tras generación. En cada español nacido hay un regazo territorial común. Los españoles tenemos un mismo origen y un idéntico futuro nacional. La tradición común de ser españoles hace Patria, y nos identificamos por fin en la "Gran Nación Española". «¡Viva España!».

Título preliminar

Se presentan los elementos dogmáticos de la Constitución Española; se enumeran los principios fundamentales de la organización política en España; se explican todas las ideas fundamentales que deben constituir las normas de nuestro país: libertad, igualdad, etcétera. Así reconocemos que en España se respetan todos los derechos de cualquier persona, que somos democráticos porque votamos a quienes nos representan, que el Rey de España es nuestro máximo representante y que el Parlamento nos permite cambiar las leyes. Los siguientes Artículos son cortos, muy claros, evitándose así las confusiones y los malentendidos, para que ningún ciudadano las interprete de manera particular y a su manera.

Los valores primordiales de la sociedad española se encuentran en este Título preliminar, inspirando así a los demás Títulos de la Constitución. Se formula políticamente el texto constitucional, estructurando la sociedad española, determinando la ideología común del país, organizándolo de manera jurídica. Son los objetivos de la Constitución como la fórmula política general que necesita España para continuar siendo una gran Nación.

Artículo 1
LA SOBERANÍA RESIDE EN EL PUEBLO.

> *1. España se constituye en un Estado social y democrático de Derecho, que propugna como valores superiores de su ordenamiento jurídico la libertad, la justicia, la igualdad y el pluralismo político.*

El Estado social hace, de manera efectiva, una defensa a ultranza de los derechos sociales de todos los ciudadanos españoles; la sociedad española al completo está por encima de cualquier grupo concreto. Porque los derechos sociales son el valor conjunto más preciado, articulado como un principio fundamental de la Constitución.

El Estado español se responsabiliza de las condiciones de vida de la sociedad española. Nuestra Constitución garantiza las libertades y sus garantías jurídicas, obligando al Estado a prestar efectivamente todos los servicios necesarios para que los ciudadanos tengan sanidad, educación, vivienda, trabajo, etcétera.

En España, el Estado democrático refleja su pluralidad política; para que la sociedad española sea plural es necesario que exista dicho pluralismo político. Toda la ciudadanía puede participar a la hora de gestionar el poder político español: decide el pueblo, porque en él reside el poder de todos. Nuestra Constitución permite la creación de partidos políticos con cualquier ideología política que cumpla con el imperio de la Ley: los partidos políticos independentistas y secesionistas que apoyan y promueven la violencia callejera e institucional están prohibidos por las leyes españolas, y cualquier partido político que viole o desacate la Constitución de manera reiterada quedará, por orden judicial, fuera de cualquier posibilidad de gobernar.

El Estado de Derecho reconoce todos los derechos de todos los españoles; es una totalidad que blinda la protección de las minorías: cualquier persona que respete el imperio de la Ley está absolutamente a salvo y libre en España. Esta es la razón por la que los fascistas, los dictadores, los yihadistas y los demás terroristas odian el paradisíaco modelo de convivencia de España. Todo el mundo en España puede expresar sus ideas y opiniones, hablar libremente sin ofender ni amenazar ni agredir a nadie.

El Estado de Derecho también implica que el propio Estado se autolimita para que los poderes públicos se sometan a la Constitución al igual que lo hacen los ciudadanos. El Estado de Derecho ofrece una seguridad jurídica al ciudadano. Nadie será castigado por los caprichos de sus gobernantes. Solo quien infrinja las leyes, que siempre han sido consensuadas democráticamente, será sancionado. El castigo, en un Estado de Derecho, proviene de un orden legal que la sociedad ha elegido imponerse a sí misma de manera justa y no arbitraria.

España es un país eminentemente democrático que respeta todos los derechos de sus ciudadanos, que valora con decisión la libertad, la justicia, la igualdad y el respeto a las diferentes ideas políticas. Así, España plantea su destino histórico como gran Nación: un Estado puramente democrático de Derecho. Y esta Constitución Española será la prueba irrefutable de ello. Esta Carta Magna nos salva de cualquier posibilidad de un Estado autoritario. El Estado de Derecho en España está guiado por la voluntad popular de su pueblo que elige democráticamente todo cuanto sucede en su país, luego todo se impregna de Estado social y democrático. En definitiva, nuestro Estado va al pueblo y viene de él para definirse como Estado social y democrático de Derecho.

> **2. La soberanía nacional reside en el pueblo español, del que emanan los poderes del Estado.**

Los poderes del Estado proceden del pueblo. Así es como nuestro Estado democrático acepta la participación de todos los españoles en la gestión del poder público, aceptando también el pluralismo político.

El pueblo se organiza para hacer leyes a través de sus representantes en el Congreso de los Diputados y en el Senado, aplicándose dichas leyes por un Gobierno elegido democráticamente en las urnas, y resolviendo pacíficamente cualquier conflicto con los Tribunales de Justicia.

> **3. La forma política del Estado español es la Monarquía parlamentaria.**

Tras décadas de dictaduras y corruptelas republicanas, España decidió por fin en 1978 la Monarquía parlamentaria.

La Monarquía española implica darle el mayor símbolo posible a la Nación: la figura viva de Su Majestad el Rey don Felipe VI, quien asegurará la permanencia y la continuidad del Estado en nuestro país. Para ello, el Rey será el moderador y el árbitro de todas las instituciones del Estado, estando informado de todo cuanto ocurre en España, aconsejando de manera modélica y advirtiendo ejemplarmente. No hay nadie más cualificado en España para arbitrar el buen funcionamiento de los poderes del Estado que Su Majestad el Rey don Felipe VI, porque ejerce su reinado con altísimas capacidades profesionales para vigilar la correcta aplicación de los poderes ejercidos en las Cortes Generales, el Gobierno y las demás instituciones del Estado.

España tiene el privilegio de ser una democracia coronada, y su escudo así lo atestigua para quienes nunca han visto al Rey en persona: "Él" es nuestro símbolo vivo más patriótico, y se nos hace presente cada vez que la bandera española ondea en cualquier lugar de nuestra Patria.

Artículo 2
LA UNIDAD DE LA NACIÓN
Y EL DERECHO A LA AUTONOMÍA.

> *La Constitución se fundamenta en la indisoluble unidad de la Nación española, patria común e indivisible de todos los españoles, y reconoce y garantiza el derecho a la autonomía de las nacionalidades y regiones que la integran y la solidaridad entre todas ellas.*

Este Artículo fundamenta la Nación española. La perpetuidad de esta Constitución depende del cumplimiento estricto y riguroso de este

Artículo, dado que es histórico, objetivo e inequívoco. Una mala interpretación de este Artículo y una manipulación ideológica y/o política del mismo podrían desestabilizar todo el texto constitucional. Este Artículo es el blindaje de la Carta Magna, protegiéndonos a perpetuidad de cualquier desafío secesionista o independentista en España.

Cualquier nacionalidad histórica en España puede ser región, y cualquier región a su vez puede defender su nacionalidad histórica; luego las regiones y/o nacionalidades históricas pueden desarrollarse libremente en sus respectivas Comunidades Autónomas bajo la supervisión estricta del Estado y bajo la vigilancia de la Corona. Nacionalidades históricas y regiones son términos constitucionales que van más allá de sus interpretaciones semánticas; en la Constitución Española se recogen como términos integradores, pero jamás diferenciadores.

Somos Nación española como norma fundamental y originaria, porque así fue, es y será nuestra Patria, aludiendo a la Unidad Imperiosa y Real de España. Somos tantos pueblos, regiones y nacionalidades históricas en común que nos desbordamos con el patriotismo: no existe en el mundo un país con más riqueza histórica, cultural y social que el nuestro. Somos grandes de por sí en una pluralidad democrática que no escatima en libertades. Así, no puede existir más nación en España que la Nación española que nos abarca a todos a lo largo de la propia Historia. No hay nada más originario y revolucionario que una sola Nación llamada España donde todos encontramos nuestra identidad: «España, mi país, mi Nación». España no es solo un punto de encuentro entre las diferentes nacionalidades-regiones, es también un punto inequívoco del origen de nuestras existencias a lo largo de nuestra Historia. No existe una palabra más primigenia que España, porque está cargada de patriotismo, simbolismo, sangre y libertad. Hace muchísimo tiempo que la unidad de España dejó de ser un proyecto para convertirse en una realidad indiscutible: por la paz, por la democracia o por la guerra, España es y será indivisible o indisoluble unidad: o todos o ninguno: «¡Patria o muerte!».

Nada ni nadie inventaron España, porque nuestro país nunca fue un invento. Somos una realidad histórica compleja, pero estamos aquí para denominarnos "españoles". No existe ninguna nacionalidad ni región dentro del territorio español que pueda considerarse más allá de la soberanía nacional de España. Hemos tenido una Historia que permite definir nuestra Patria como una comunidad identitaria superior a cualquier municipio concreto, región, Comunidad Autónoma o condición nacionalista. Ser español no es una opción ni una obligación: es nuestra naturaleza histórica. Un español es el legado vivo de sus padres, sus abuelos, sus bisabuelos y sus demás antepasados. Sentirse orgulloso de ser español significa reconocer el esfuerzo y la sangre derramada por haber conseguido nuestra gran Nación del bienestar que hoy disfrutamos. España es un país modélico y ejemplar: todo el mundo reconoce nuestros niveles de bienestar y libertades. Y la Constitución Española ha logrado nuestra ejemplaridad como Nación porque hemos unido pueblos y regiones más o menos ricas, más o menos prósperas, cooperando unos con otros, siendo más que justos y solidarios, modernizando regiones y comarcas históricamente empobrecidas en Galicia, Cataluña, las provincias vascas y otras partes de España. Porque siempre hubo un proyecto unificador a nivel humano y económico, cuidando los aspectos históricos y culturales de las diferentes nacionalidades históricas españolas. Por lo tanto, España siempre será implacable a la hora de exterminar jurídica, ideológica y políticamente cualquier desafío secesionista, separatista o independentista. Porque España es y será siempre respetuosa con la unidad de sus pueblos y sus ciudades en el conjunto de la Nación. El Estado español nunca ha dejado de mimarnos y protegernos: nos alimenta, nos cura, nos socorre, nos rescata, nos educa, etcétera.

El derecho a la autonomía une, de manera pacífica y respetuosa, todas las peculiaridades culturales e históricas del territorio nacional. España ha liberado del yugo dogmático y nacionalista a regiones gallegas, vascas, catalanas, navarras y valencianas a lo largo de nuestra Historia.

Ninguna Comunidad Autónoma de España será jamás un Estado independiente. España se debe al acuerdo de permanecer unidas todas las nacionalidades-regiones y/o Comunidades Autónomas. Los secesionistas y los independentistas solo son parásitos o piratas políticos y económicos, esos que una vez logrado el bienestar regional pretenden huir tras los esfuerzos históricos de toda España; esos salvajes institucionales que representan a esos secesionistas e independentistas siempre serán aplastados por el justo y democrático Estado de Derecho.

Tener autonomía en España no significa tener derecho a independizarse a medio o largo plazo; el Estado español entrega infinitas competencias a cada Comunidad Autónoma porque nuestra forma política confía en dicha fórmula, en que es posible delegar la responsabilidad de mantener España perpetuamente unida. Aunque dicha confianza fue traicionada en 2017 con el golpe de Estado institucional en Cataluña: una brutal deslealtad política y una grandísima traición a la Corona española (de la traición al Rey Felipe V a la traición al Rey Felipe VI).

La Constitución Española nunca concretará las nacionalidades históricas españolas: hay que evitar el juego sucio de las reivindicaciones nacionalistas, porque todas culminan en aspiraciones secesionistas o independentistas. La Carta Magna no es un catálogo para dichas reivindicaciones. Se aceptan nacionalidades-regiones a discreción, pero no se permiten protagonismos de unas Comunidades Autónomas sobre otras en un texto tan conciliador y unificador como es nuestra Constitución.

España se mantiene unida porque lo decidió en 1978 la mayoría de sus ciudadanos (nuestros padres, nuestros abuelos, etcétera); decisión que hoy continúa siendo igual de mayoritaria. Por lo tanto, ¿qué legitimidad moral, histórica o legal tienen esas nuevas generaciones de catalanes y vascos para independizarse de España? ¡Ninguna! Entonces, ¿por qué vamos a permitir que esos independentistas incívicos, maleducados, fascistas y "nazionalistas" destruyan los cinco siglos de unidad territorial española? Quienes juegan al independentismo son poco serios, representados por meros politicuhos infantiloides de quita y pon en algunas Comunidades Autónomas, que derrochan recursos institucionales autonómicos y que avergüenzan a los demás españoles. Afortunadamente, son reivindicaciones cíclicas y pasajeras, que aparecen y desaparecen en función de la disponibilidad de recursos financieros que tienen los gobiernos vascos y catalanes a nivel autonómico. Es decir, en España se es más o menos independentista en función de lo que se logra sisar al Gobierno más asustadizo. Pero es la aplicación estricta de la Constitución Española lo que debe prevalecer para impedir cualquier acto de rebeldía y desobediencia en las instituciones autonómicas que degeneren en una fractura social y económica como la sufrida en Cataluña en 2017.

Todas las piezas del Estado español funcionan al unísono; la maquinaria institucional española es solo una, compleja y extensa, pero enlazada por una sola causa común: la Patria. Por partes o fragmentada, España jamás funcionaría. Son demasiados siglos dependiendo unos de otros. Así que nadie debe tener motivos para independizarse en España: es de obligado cumplimiento reeducar a las nuevas y futuras generaciones catalanas y vascas en el respeto y la concordia entre las diferentes nacionalidades-regiones y/o Comunidades Autónomas de España. Mientras tanto, deberemos fortalecer todavía más la unidad de España con un Estado más policial que asegure el Estado del bienestar por fin conseguido tras cinco largos siglos de conflictos, guerras, penurias y deslealtades. Este es el momento: aún estamos a tiempo de exterminar democráticamente cualquier nuevo proceso secesionista o independentista en España.

La voluntad popular se encuentra en cualquier parte del territorio nacional. Pero, para evitar los desafíos secesionistas o independentistas de una parte minoritaria del territorio español, la voluntad popular es estrictamente nacional porque España es una sola e inequívoca Nación. Las distintas nacionalidades-regiones autonómicas siempre formarán parte de una sola y gran Nación española.

España es Patria. Y aquí, en España, Patria la escribimos con mayúscula desde tiempo inmemorial. Porque lo más patriótico e identitario es ser español, porque España es el país de todos y cada uno de los españoles.

Dentro de nuestra gran Nación, única e indivisible a perpetuidad, existen nacionalidades-regiones en minúsculas, en forma de Comunidades Autónomas: ¡en nuestro país no hay nada más grande que España! España es indestructible ahora y siempre, porque es una realidad histórica y presente. Porque el concepto de "Nación española" engloba todas las nacionalidades-regiones habidas y por haber; España como Nación es eterna, pero sus nacionalidades-regiones pueden cambiar a lo largo de los siglos a causa de los diferentes usos, costumbres, culturas, etcétera. Insistiendo en ello: todas las nacionalidades-regiones y/o Comunidades Autónomas juntas hacen una sola y gran Nación española. Esa es la razón por la que es imposible romper una España que abarca todas las regiones; no son cada una de las nacionalidades-regiones españolas las que se acercan a España, sino que están adheridas a un país que durante siglos las ha contenido, cuidado y protegido de manera justa y solidaria, porque es la única forma de mantener la cohesión social en nuestro país. Los enfrentamientos regionales, las dictaduras o la Guerra Civil fueron meros errores cometidos que no volverán a suceder mientras permanezca vigente nuestra Constitución y se aplique su contenido a rajatabla: nuestro texto constitucional siempre será justo al erradicar cualquier desafío secesionista o independentista. Hoy absolutamente nada ni nadie tiene derecho a quebrantar la convivencia pacífica que disfruta España. Nuestro Estado de Derecho es y será capaz de proteger a un solo español amenazado por toda una región temporalmente fanatizada por el independentismo. Toda España tiene ya la garantía de que el país actúa y actuará en beneficio de todas sus nacionalidades-regiones y/o Comunidades Autónomas: las instituciones del Estado conocen lo que necesitan y se merecen, por Historia y lealtad a la Corona, sus ciudadanos en cada lugar de España. Semejante generosidad de Estado, nada más aprobarse la Constitución Española en 1978, dio paso a la organización de nacionalidades-regiones y demás regiones, al propio autogobierno en cada Comunidad Autónoma. Así

España es indivisible, porque el Estado español une solidariamente a todas las regiones de España a la vez que las Comunidades Autónomas se comprometen a compartir el proyecto de un espacio geográfico común llamado España, donde se practica la solidaridad jurada tras la aprobación de cada Estatuto de Autonomía. Si alguna región lo incumple, se convierte en insolidaria *ipso facto*, será desleal con las instituciones del Estado español y con toda la población española. Conviene recordar que la deslealtad institucional con España también es una traición a la Corona. Y lo más importante: en un Estado de Derecho como es España, las amenazas y las desobediencias institucionales de cualquier Comunidad Autónoma son un gravísimo problema de seguridad nacional, luego jamás se tolerarán mientras haya una Constitución tan protectora como la nuestra. El imperio de la Ley tiene el respaldo de una ciudadanía que mayoritariamente se niega a desestabilizar el marco de convivencia pacífica de España. Existen miles de recursos democráticos para asegurar y blindar la unidad de la Nación española, reformando incluso la Constitución si es necesario y hay consenso; y como último recurso, tras las leyes, el diálogo y los ruegos de concordia, actuarían como salvaguarda *in extremis* las Fuerzas y Cuerpos de Seguridad del Estado más las Fuerzas Armadas con todos sus ejércitos por tierra, mar y aire. Porque España jamás se romperá.

Uno de los mayores desafíos que ha tenido la Nación española en estos últimos siglos ha sido el golpe de Estado institucional perpetrado en Cataluña, en 2017, con un gran apoyo fanatizado de la sociedad catalana. Pero gracias a la Constitución Española, todos los intentos ilegales y seudoinstitucionales de la *Generalitat* para darle la independencia y/o la autodeterminación a Cataluña fueron un fracaso absoluto. Una vez más fueron derrotados, y esta vez por la democracia española.

En las rebeliones históricas de Cataluña destacó el hecho de no querer acatar la eficiencia de las políticas centralizadoras de España, porque siempre han estado empeñados en sus regímenes a nivel regional cada vez más autoritarios. La desobediencia, la insubordinación, la traición y la rebeldía han caracterizado siempre a una parte de la sociedad catalana y sus propios gobernantes a lo largo de la Historia de España. Porque hace ya mucho tiempo que empezó aquella escalada creciente de deslealtad de las tradicionales instituciones catalanas, deseosas de tener más poderes para ir en contra de los Reyes Católicos, jaleados por una mentalidad medieval que recorría toda la Corona de Aragón. Luego fue la rebelión catalana del siglo XVII contra la Corona de España: campesinos y algunos grupos urbanos catalanes que asaltaron Barcelona y provocaron impunemente una guerra. Pero lo peor estaba por llegar: la deriva austriaca de Cataluña, radicalmente antiborbónica, declarándose la máxima defensora y partidaria del archiduque Carlos de Austria en vez de apoyar el legítimo reinado del francés Felipe V; la deslealtad de Cataluña provocó campañas militares muy cruentas entre la Corona de Castilla y la Corona de Aragón. De aquella gravísima traición histórica viene ese resentimiento que hoy tiene una parte de la sociedad catalana con España como Nación legítima. Porque muchos catalanes se sienten aún derrotados, avergonzados por lo que hicieron, tapando sus graves errores históricos, encubriendo esa crucial deslealtad histórica hacia el legítimo reinado borbónico de Felipe V. En la Corona de Aragón, Cataluña fue la gran perdedora, la que se mereció un buen castigo, pagando muy cara su traición a la legítima causa borbónica; Felipe V implantó de manera ejemplarizante las leyes castellanas en toda Cataluña: los catalanes perdieron por fin sus fueros y privilegios. Aunque aquello fortaleció la rencorosa y mal perdedora oposición catalana hasta la actualidad: se avergüenzan de haber retrasado el nacimiento de la Nación española, porque fueron rebeldes sin causa justa.

Los secesionistas, separatistas o independentistas catalanes siempre se empeñarán en manipular unos hechos históricos que fueron evidentes. La causa republicana-catalana no es solo antimonárquica, también es manifiestamente antiborbónica.

Cataluña traicionó aquella fundación de la España que vivimos hoy, pero en consecuencia el Principado de Cataluña fue derrotado y conquistado a sangre y fuego. La caída de Barcelona el 11 de septiembre de 1714 asentó por fin los pilares monolíticos de la gran Nación española. En 1716, con los Decretos de Nueva Planta, el incipiente nacionalismo catalán quedó exterminado: en Cataluña se pusieron funcionarios castellanos leales a la causa borbónica, se fomentó la utilización de la lengua castellana, se implantó el Catastro como nuevo impuesto, se suprimieron las aduanas, etcétera. Desde entonces, España se ha convertido en un país internamente indestructible que tiene todas sus regiones y nacionalidades-regiones ancladas y perpetuamente fusionadas en la Patria española. Ningún lugar del territorio nacional podrá separarse jamás de España mientras exista nuestro Estado social y democrático de Derecho con una Monarquía parlamentaria borbónica. «¡Viva el Rey! ¡Viva España!».

Artículo 3
LA LENGUA ESPAÑOLA
Y EL RESTO DE LENGUAS AUTONÓMICAS.

> *1. El castellano es la lengua española oficial del Estado. Todos los españoles tienen el deber de conocerla y el derecho a usarla.*

El idioma de los españoles, de toda España, es el "español", lo que durante siglos se llamó "castellano". El español es hoy nuestra lengua madre. El español nos engrandece como Nación, cargado de gloriosa Historia: *hispaniolus de Hispania*, nuestra lengua romance hablada en España, en casi toda América, en Guinea Ecuatorial, en Filipinas y demás lugares del mundo.

Los españoles estamos obligados a proteger y apoyar el uso de la lengua española en todos los territorios del país, especialmente en Cataluña, Galicia, la Comunidad Valenciana y las provincias vascas. Nuestra lengua identitaria como gran Nación es única y exclusivamente la española. Todos los españoles (especialmente los catalanes, los gallegos, los valencianos y los vascos) tenemos el deber constitucional de aprender a hablar y escribir correctamente el español, porque es un derecho poder hablarlo y escribirlo con absoluta libertad en cualquier parte de España. Ninguna lengua oficial autonómica estará por encima de la lengua española. La lengua principal y oficial de España será siempre el español. Es decir, hablar español es de obligado cumplimiento institucional y público a nivel de Estado.

El espacio público de España necesita cohesionarse a través de una lengua común, identitaria y patriótica; todos hemos sabido hablar español durante siglos, y así ha de ser a perpetuidad en todo el territorio nacional, de lo contrario se estaría excluyendo de la comunicación a la mayoría de la población española que no habla catalán ni vasco ni gallego ni valenciano. Por lo tanto, está terminantemente prohibido obligar a un ciudadano, que viva en cualquier Comunidad Autónoma de España, a que hable otra lengua distinta a la española.

Conviene recordar siempre una obviedad: el español puede denominarse castellano para reafirmarse exponencialmente sobre las demás lenguas autonómicas, recalcando así la lengua de la Edad Media del Reino de Castilla sobre el resto de los reinos menores que finalmente fueron conquistados y civilizados con la lengua que hoy ya se denomina "lengua española". Lo expresado anteriormente es obvio por redundante, luego la defensa del uso del español en todo el territorio nacional debe hacerse con insistencia educativa de obligado cumplimiento: es un deber constitucional hablar español, aprenderlo desde que una persona nace en España. La defensa a ultranza del español en España y en el resto del mundo la abanderan la Real Academia Española y la Real Academia de Historia, siempre con el apoyo y la protección de la Corona de España, y también gracias a la Asociación de Academias de la Lengua Española. Por ahora, ninguna lengua autonómica (como la vasca, el catalán, el gallego o el valenciano) ha disfrutado del reconocimiento, la promoción y la defensa internacionales que ha tenido, tiene y tendrá siempre la lengua española.

> **2. Las demás lenguas españolas serán también oficiales en las respectivas Comunidades Autónomas de acuerdo con sus Estatutos.**

El español, nuestra lengua común e identitaria como Nación, puede utilizarse junto con otros dialectos y lenguas que son todas ellas secundarias frente al protagonismo capital que debe desempeñar siempre la lengua española.

El español ha sido siempre una lengua universal, representativa de la modernidad, en contraposición al reducto lingüístico del gallego, el vasco, el valenciano y el catalán que en sus orígenes ya fueron germinando este actual provincianismo rancio y excluyente con meras intenciones seudopolíticas y seudoidentitarias. Pero esos secesionistas o independentistas jamás podrán frenar el uso generalizado de la lengua española en sus Comunidades Autónomas, porque el español se habla con el respaldo del mundo hispanohablante, de los propios españoles y del resto del planeta que está deseoso de aprender y hablar una lengua viva y rica: unos seiscientos millones de personas en el mundo hablan español. Porque hablar español es un signo de prosperidad frente a la decadencia fascista que supone imponer lenguas regionales sin ninguna trascendencia cultural a nivel mundial.

> **3. La riqueza de las distintas modalidades lingüísticas de España es un patrimonio cultural que será objeto de especial respeto y protección.**

Esas lenguas españolas (catalán, vasco, gallego, etcétera) son importantes por la riqueza lingüística que aportan al país, pero también son lenguas accesorias o secundarias para el espíritu patrio de España que hablará siempre natural, habitual y oficialmente el español.

Aunque la Constitución Española apuesta ciertamente por dicha riqueza lingüística en todo el territorio nacional, protegiendo las lenguas minoritarias para que no desaparezcan a pesar de la escasa repercusión cultural que puedan tener en el mundo. Porque España está a la vanguardia de la protección lingüística del catalán, el vasco y las demás lenguas cooficiales en sus Comunidades Autónomas, una vez asegurado el necesario predominio de la lengua española.

También hay diferentes formas de hablar el español, además de otras modalidades lingüísticas como el bable (Asturias), el aranés (Valle de Arán), la fabla aragonesa (Pirineos), etcétera. En Almonte (Huelva) se habla un andaluz tan cerrado que puede llegar a ser incomprensible para un madrileño, pero cualquier forma de hablar español es digna de respeto porque se trata de la idiosincrasia de cada pueblo. Todas las maneras y formas de expresarse verbalmente en español enriquecen nuestra lengua común y universal.

Artículo 4
LA BANDERA DE ESPAÑA
Y EL RESTO DE BANDERAS AUTONÓMICAS.

1. La bandera de España está formada por tres franjas horizontales, roja, amarilla y roja, siendo la amarilla de doble anchura que cada una de las rojas.

La bandera española debe ondear con orgullo patrio en el espacio público y en los espacios privados como hogares, empresas, etcétera. Los años terribles de la fascista dictadura franquista hicieron muchísimo daño a este símbolo patrio; aquel despreciable Caudillo de España, Francisco Franco Bahamonde, violó los colores de la bandera española con su escudo sangriento y represor. Pero nuestra bandera se merece superar aquella infamia histórica. Hoy y siempre, debemos censurar y castigar a todos aquellos que hagan un mal uso de nuestra bandera. Este símbolo patrio de unidad común no puede caer en las manos minoritarias de fascistas, fachas, rojos, republicanos, comunistas y podemitas. Las ofensas y los ataques físicos a la bandera de España, por parte de utópicos republicanos, nacionalistas e independentistas, son una agresión a la misma Constitución Española.

La bandera de España es el símbolo físico supremo de nuestra Patria y, como tal, todo ciudadano español tiene el derecho y el deber de amarla y defenderla, porque sus colores son la sangre y la luz que dan vida a nuestra Nación. Con la bandera española también ondean cientos de años de la Historia de España; el viento que la mueve también remueve nuestra memoria histórica: un país poderoso, conquistador, solidario, convenientemente colonizador, exportador de españolidad, generoso finalmente con los procesos de independencia en lo que fueron territorios españoles de ultramar...

«Como ciudadano español de pro, la bandera española es mi país, mi Nación, mi Patria».

Las mayores ofensas a la bandera española se han realizado, con absoluta impunidad, por parte de una minoría de ciudadanos catalanes y vascos en sus manifestaciones proindependentistas. Uno de los ataques más graves a la bandera española fue perpetrado, en directo por televisión en septiembre de 2017, por una Diputada podemita del Parlamento de Cataluña, retirando con desdén las banderas españolas de unos asientos y haciendo unas bolas de tela con ellas para luego entregarlas a otra Diputada proindependentista que alegremente las tiró al suelo junto a sus pies.

Las ofensas y los ultrajes a la bandera española se castigarán según especifica el Código Penal y, dado el caso, según el Código de Justicia Militar.

La bandera de España debe respetarse siempre; nuestra bandera nacional es por derecho propio un símbolo perpetuo de la Patria española; históricamente, la bandera de España ha sido siempre el símbolo de la soberanía nacional, y no es necesario expresarlo de forma escrita en nuestra Constitución.

La bandera bicolor española comenzó estableciéndose en 1785 para la Marina durante el reinado de Carlos III. A partir de 1843 se convirtió en la bandera nacional a perpetuidad: hoy ondea en el exterior, y en el mejor sitio de los interiores, de los lugares y edificios de la Administración Central, Institucional, Autonómica, Provincial, Insular y Municipal del Estado.

Queda terminantemente prohibido inscribir símbolos o siglas políticas, sindicales y asociativas en la bandera española. Los colores y el escudo oficial de España ondearán intactos para orgullo de sus compatriotas: «¡Viva España!».

2. Los Estatutos podrán reconocer banderas y enseñas propias de las Comunidades Autónomas. Estas se utilizarán junto a la bandera de España en sus edificios públicos y en sus actos oficiales.

Aunque las Comunidades Autónomas puedan tener sus propias banderas, cada una de ellas debe ondear siempre junto a la bandera de España, y dicha bandera española ocupará siempre el lugar preferente. Porque todas las banderas autonómicas, provinciales y municipales se deben a una sola bandera que las abarca: la bandera nacional de España, la bandera bicolor del Reino de España.

En definitiva, hay que incidir en la obligación de hacer ondear la bandera de España en todos los establecimientos y edificios oficiales vascos y catalanes para recordar continuamente a sus ciudadanos que pertenecen a España y son españoles por naturaleza, que es imposible que puedan renunciar a ello, y que siempre serán españoles por mandato constitucional y sentimiento patrio generalizado a perpetuidad: «¡Viva España!».

Artículo 5
MADRID ES LA CAPITAL DE ESPAÑA.

La capital del Estado es la villa de Madrid.

Las instituciones más importantes de España deben permanecer siempre en Madrid, porque es la ciudad que se encuentra prácticamente en el centro geográfico del país. Madrid es un punto central y estratégico protegido a perpetuidad por el resto del territorio nacional. Para llegar a Madrid hay que recorrer o sobrevolar una gran Nación que siempre defenderá su capitalidad como seña identitaria de España, porque en sus instituciones estamos todos representados y protegidos: La Casa Real, el Tribunal Constitucional, el Congreso de los Diputados, el Senado, La Moncloa, etcétera.

Felipe II eligió Madrid en 1561 como la capital fija del Reino de España.

Madrid es un símbolo patriótico de primer orden para todo el territorio nacional, y es una ciudad que también simbólicamente se extiende de manera radial hacia todos los pueblos y ciudades de España: Madrid es el corazón de nuestra Patria.

Artículo 6
LOS PARTIDOS POLÍTICOS.

Los partidos políticos expresan el pluralismo político, concurren a la formación y manifestación de la voluntad popular y son instrumento fundamental para la participación política. Su creación y el ejercicio de su actividad son libres dentro del respeto a la Constitución y a la ley. Su estructura interna y funcionamiento deberán ser democráticos.

Este Artículo refleja uno de los valores superiores de nuestro ordenamiento jurídico: el pluralismo político. La Constitución Española permite que los partidos políticos concurran libremente.

España es una democracia real porque tiene partidos políticos de distinto signo, diferenciados e incluso antagónicos. Vivimos en un Estado plenamente democrático porque hay pluralismo político. Diferentes alternativas ideológicas son capaces de institucionalizarse y de conseguir los votos necesarios para gobernar. Gracias a la aceptación sin fisuras de la Constitución, todos los españoles podemos vivir en paz sea cual sea nuestra ideología política. Todo enfrentamiento político que altere dicha convivencia pacífica, poniendo en riesgo el orden del pluralismo político constituido, es absolutamente inconstitucional. España nunca sería una gran Nación si no existiera esta riqueza ideológica que nos caracteriza: un pluralismo político que engloba la derecha, el centro y las izquierdas. Afortunadamente, nuestra Constitución está blindada jurídicamente para que los populistas, los fascistas, los fachas, los rojos, los prorrepublicanos y los podemitas no puedan asaltar el democrático Poder Ejecutivo establecido en España, a excepción de que gobiernen en coalición como "derechita cobarde" o "comunistas de élite" en un Gobierno de derecha, de centro o de izquierdas. La Constitución Española garantiza a todos los españoles un Gobierno absolutamente democrático por y para España.

Los ciudadanos tienen derecho a participar en la vida política de España; los ciudadanos pueden votar al partido político más conveniente para los intereses propios y/o ajenos. A través de los partidos políticos, las ideologías de unos y otros se ponen en práctica en el Congreso de los Diputados, el Parlamento de la Comunidad Autónoma, el Ayuntamiento, etcétera. En España, gracias a la riqueza de su pluralidad política, hay partidos políticos para todos los gustos e intereses de cada cual. Los españoles votarán a un partido político en función de su clase social y su profesión; no vota lo mismo un alto funcionario del Estado que un joven desempleado o un obrero poco cualificado, del mismo modo que una profesora soltera y proabortista no votará lo mismo que una madre de familia numerosa con fuertes convicciones ultracatólicas. Los partidos políticos son el espejo de sus votantes: pobres, ricos, empresarios, desempleados, agricultores, diplomáticos, autónomos, etcétera. La Constitución Española es tan profundamente democrática que incluso permite la existencia de partidos políticos proindependentistas, de extrema derecha, ultraizquierdistas, populistas, antisistema y podemitas. Pero la estructura interna de los partidos debe ser un reflejo de la democracia. Hay que evitar la podemización de los partidos políticos para que no se estructuren de manera dictatorial.

Artículo 7
LOS SINDICATOS Y LAS ASOCIACIONES EMPRESARIALES.

Los sindicatos de trabajadores y las asociaciones empresariales contribuyen a la defensa y promoción de los intereses económicos y sociales que les son propios. Su creación y el ejercicio de su actividad son libres dentro del respeto a la Constitución y a la ley. Su estructura interna y funcionamiento deberán ser democráticos.

Este Artículo resalta otro de los valores más importantes del ordenamiento jurídico español: el pluralismo social que defiende los intereses sociales y económicos de los sindicatos y las asociaciones empresariales. Aquí se refleja constitucionalmente el pluralismo social de España. Tenemos una Constitución que permite la creación de grupos con unos intereses sociales, económicos y profesionales muy concretos y a veces minoritarios. Son grupos que pueden llegar a influir en las decisiones de los poderes públicos; presionan a los gobiernos para no ver perjudicados sus intereses. Al no representar ninguno de estos grupos a la totalidad de los ciudadanos, la Constitución Española siempre está vigilante ante cualquier actuación o exigencia de dichos grupos para evitar que vulneren el imperio de la Ley y, especialmente, los intereses mayoritarios de la población española.

Las dos fuerzas sociales más potentes de España son las asociaciones empresariales y los sindicatos de trabajadores, los cuales engloban todos los intereses empresariales y laborales de nuestro país.

Mientras que los sindicatos defienden los derechos laborales de sus afiliados bajo previo pago, las organizaciones empresariales velan por la prosperidad de las empresas de España.

Este Artículo equilibra dos pesos pesados de la sociedad española en una balanza democrática: empresas y sindicatos están frente a frente amparados por fin constitucionalmente con derechos y deberes propios.

Artículo 8
LAS FUERZAS ARMADAS.

1. Las Fuerzas Armadas, constituidas por el Ejército de Tierra, la Armada y el Ejército del Aire, tienen como misión garantizar la soberanía e independencia de España, defender su integridad territorial y el ordenamiento constitucional.

Las Fuerzas Armadas en España son nuestra Administración militar, controladas por Su Majestad el Rey don Felipe VI, el Gobierno y las demás Administraciones Públicas del Estado.

Las Fuerzas Armadas son las encargadas de defender la Patria que es España en sí misma. Son las fuerzas militares capaces de repeler cualquier ataque extranjero a gran escala, así como las prácticas independentistas o secesionistas de grupos paramilitares terroristas en todo nuestro territorio nacional. Y una ayuda especial prestan las Fuerzas

Armadas cuando se cometen grandes atentados yihadistas en suelo patrio.

Las Islas Canarias, Ceuta y Melilla están intensa y permanentemente protegidas por el Ejército de Tierra, La Armada y el Ejército del Aire para defender la soberanía territorial española ante las continuas presiones, provocaciones y reivindicaciones seudohistóricas del Reino de Marruecos.

España evitará siempre el ataque de cualquier país mientras mantenga el fortalecimiento creciente de sus Fuerzas Armadas. Ellos protegen nuestro democrático modelo de vida ante la barbarie y la inhumanidad que pretenden instaurar otros países y sociedades extranjeras. Nuestros ejércitos salvaguardan físicamente todas las fronteras libres y democráticas de España cumpliendo escrupulosamente la Constitución Española y el imperio de la Ley.

Ante una Declaración Unilateral de Independencia (DUI) por parte de una Comunidad Autónoma, Cataluña, por ejemplo, con la imposibilidad práctica y real de mantener el orden público a través de la Policía y la Guardia Civil, entraría en escena el Ejército español para defender la integridad territorial de España y nuestro ordenamiento constitucional. Si policialmente no se puede contener la barbarie independentista, serán las Fuerzas Armadas las que impongan militarmente el orden constitucional de la democracia española. Ante cualquier desafío independentista extremo radicalizado con actos terroristas, las Fuerzas Armadas cumplirán con la Constitución Española: somos una Monarquía parlamentaria que debe defenderse a sangre y fuego para preservar la unidad indivisible de España y su estabilidad democrática. Cuando las fuerzas policiales antidisturbios no son suficientes para frenar las terroríficas hordas independentistas, será la hora en que los militares españoles apliquen los oportunos escarmientos democráticos. La barbarie desatada en cualquier región de España solo puede frenarse de raíz con el uso de la fuerza militar que se impone de manera firme y eficaz. Las Fuerzas Armadas tienen el deber de hacer cumplir a rajatabla nuestra Constitución en todo el territorio nacional; deben garantizar el bienestar del país y las libertades cuando las amenazas independentistas pasan a la acción violenta y criminal.

Las Fuerzas Armadas españolas son el brazo protector de todas nuestras libertades constitucionales, un brazo que obedece a Su Majestad el Rey don Felipe VI y a su pueblo; todos los militares españoles deben proteger con su vida a la Corona y a la ciudadanía española. Nadie en España puede expulsar a un solo ciudadano español de su pueblo o su ciudad, obligándolo a perder su nacionalidad española; las

Fuerzas Armadas siempre actuarán hasta las últimas consecuencias para salvaguardar la integridad territorial de España y recuperar las libertades ciudadanas recogidas en la Constitución Española: España nunca se romperá mientras se cumpla en todo momento este Artículo.

Cuando la política y la aplicación de la Justicia son insuficientes o fracasan, la Patria debe defenderse por la fuerza y el uso de las armas por parte de nuestros tres ejércitos. Ninguna criminal acción secesionista o independentista quedará impune. A corto plazo, las Fuerzas Armadas imponen el orden democrático y aseguran la integridad territorial de España, y a medio y largo plazo será la Justicia de nuevo la que juzgue a todos los traidores y sediciosos implicados en el intento de fracturar la convivencia pacífica y el territorio nacional. Para recuperar y mantener los derechos y las libertades constitucionales es fundamental aplastar y aniquilar a quienes pretenden quitárnoslas. Las Fuerzas Armadas, en momentos críticos y desesperantes para la ciudadanía española, son las únicas fuerzas capaces de utilizar la violencia de manera justificada y definitiva para recuperar *ipso facto* el orden constitucional aprobado por la práctica totalidad de los españoles en 1978.

2. Una ley orgánica regulará las bases de la organización militar conforme a los principios de la presente Constitución.

Artículo 9
EL RESPETO A LA LEY.

1. Los ciudadanos y los poderes públicos están sujetos a la Constitución y al resto del ordenamiento jurídico.

Todos los españoles y sus instituciones tienen el deber de cumplir la Carta Magna y las demás leyes que se derivan de ella.

El imperio de la Ley es el imperio de la Constitución Española y el mismo imperio del ordenamiento jurídico con sus leyes, disposiciones legales y demás normativas. Todas las normas se ajustarán a nuestra Constitución como la norma superior que es. En España, los poderes públicos y la ciudadanía deben cumplir, en todo momento, el texto constitucional porque es una auténtica e inequívoca norma jurídica. No conocer las leyes no implica incumplirlas por ignorancia, es decir, hay que actuar siempre bajo el imperio de la Ley para no incumplir los derechos de los demás: todo el mundo sabe hoy lo que es legal o ilegal en España. Nuestro sistema educativo ha permitido que cualquier ciudadano español pueda vivir toda su vida respetando las leyes y sin infringir ninguna de ellas.

Este Artículo fue el fruto de un consenso entre partidos políticos muy distintos. Es uno de los Artículos más progresistas de la Carta Magna, porque se promociona la libertad y la igualdad para que se hagan realmente efectivas en la sociedad española tanto a nivel individual como colectivo: es uno de los elementos fundamentales que estructuran nuestro Estado de Derecho.

ASEGURAR LA LIBERTAD Y LA IGUALDAD.

> *2. Corresponde a los poderes públicos promover las condiciones para que la libertad y la igualdad del individuo y de los grupos en que se integra sean reales y efectivas; remover los obstáculos que impidan o dificulten su plenitud y facilitar la participación de todos los ciudadanos en la vida política, económica, cultural y social.*

Los poderes públicos ayudarán a los ciudadanos a integrarse en los pueblos y las ciudades donde viven.

Por y para España, este Artículo refleja la condición de nuestro Estado pluralista en lo social.

Las instituciones del Estado tienen el deber de que la libertad, la igualdad y la participación de las personas se hagan realmente efectivas. Todos los españoles tenemos el derecho a desarrollarnos humanamente en todas las facetas de nuestras vidas.

LAS GARANTÍAS JURÍDICAS.

> *3. La Constitución garantiza el principio de legalidad, la jerarquía normativa, la publicidad de las normas, la irretroactividad de las disposiciones sancionadoras no favorables o restrictivas de derechos individuales, la seguridad jurídica, la responsabilidad y la interdicción de la arbitrariedad de los poderes públicos.*

Así se impide que los poderes públicos vulneren la ley, obligándolos a actuar desde la legalidad vigente y de acuerdo a los siguientes principios constitucionales:

- El "principio de legalidad" implica que las Administraciones Públicas del Estado deberán actuar siempre bajo el imperio de la Ley, cumpliendo de manera ejemplar todas las leyes. El Tribunal Constitucional y los demás Tribunales de Justicia siempre estarán vigilando a las instituciones públicas de España para que cumplan las leyes tal y como garantiza la Constitución Española.

- La "jerarquía normativa" significa que nadie puede inventarse leyes que modifiquen o anulen otras leyes de rango superior, como fue el caso de las seudoleyes de desconexión que se aprobaron en la *Generalitat* de Cataluña en 2017 para iniciar un fraudulento proceso de independencia. En España los independentistas catalanes o vascos jamás podrán crear leyes que estén por encima de la Constitución Española. Ninguna Comunidad Autónoma podrá hacer leyes para sus propios intereses independentistas o secesionistas.

- Todas las leyes serán comprensibles para los ciudadanos y se harán públicas.
- La "irretroactividad" supone que no se podrá aplicar una ley recién creada a un suceso del pasado donde imperaba otra ley. Solo las leyes favorables de reciente creación, que mejoren las anteriores, podrán utilizarse en dichos sucesos pasados.
- La "seguridad jurídica" hace constar públicamente los derechos de los ciudadanos: registro de nacimiento, empadronamiento, registro de bienes, certificación matrimonial, etcétera; documentación personal que se encuentra registrada en el Ayuntamiento, en el Registro Civil, en el Registro de la Propiedad, etcétera.
- La "responsabilidad y la interdicción de la arbitrariedad de los poderes públicos" supone que dichos poderes deben responder por todos sus actos y compensar a quien haya sido afectado por las malas prácticas administrativas.

Título I

De los derechos y los deberes fundamentales

Junto al Título preliminar, este Título I continúa presentando los elementos de la Constitución Española como una Gran Declaración de Derechos Fundamentales para todos los ciudadanos.

Se plantean todas las cosas que un ciudadano puede hacer libremente y que el resto de la gente debe respetar porque así lo especifica nuestra Constitución. Y, cumpliendo el texto constitucional, el mismo ciudadano tiene una serie de deberes por su país, estando obligado a cumplirlos porque también lo especifica la Carta Magna. Derechos y deberes para vivir "con libertad" y "en libertad", para convivir pacíficamente. España es uno de los pocos países más libres de la Tierra, tanto para los individuos como para las colectividades. Uno y todos, guiados por la Constitución Española, hacemos que España sea grande y libre, dando buen ejemplo al resto de las naciones del mundo.

Este Título I es la auténtica médula espinal de todo el cuerpo constitucional de la Carta Magna. Porque son los derechos y los deberes, inscritos en la raíz de nuestra Constitución, los que fundamentan la convivencia pacífica entre todos los españoles.

Artículo 10
LOS DERECHOS DE LA PERSONA.

> *1. La dignidad de la persona, los derechos inviolables que le son inherentes, el libre desarrollo de la personalidad, el respeto a la ley y a los derechos de los demás son fundamento del orden político y de la paz social.*

La Constitución Española protege y valora a cada persona sea cual sea su personalidad. Siempre y cuando se cumplan las leyes, todo español tiene derecho a vivir su propia vida de manera particular. Es decir, mientras se respete el imperio de la Ley, cualquier español podrá vivir toda su vida con absoluta libertad.

Los españoles podemos convivir en paz mientras respetemos a todas las personas de bien en general y a cada persona de bien en particular; respetar a quienes nos rodean es la base de la convivencia. Los derechos de la naturaleza humana deben protegerse, cultivarse e imponerse en la sociedad española: primero somos seres humanos, y como tales seremos respetados, estando vigilante la Constitución Española para que así se cumpla el resto de los derechos y las libertades en España.

> *2. Las normas relativas a los derechos fundamentales y a las libertades que la Constitución reconoce, se interpretarán de conformidad con la Declaración Universal de Derechos Humanos y los tratados y acuerdos internacionales sobre las mismas materias ratificados por España.*

La Declaración de los Derechos del Hombre y el Ciudadano en 1789 durante la Revolución Francesa, la Declaración Universal de Derechos Humanos en 1948 y los demás acuerdos internacionales sobre los derechos fundamentales de las personas han contribuido a perfeccionar nuestra Constitución para blindar el bienestar personal y los derechos más íntimos de cada persona.

Capítulo primero

De los españoles y los extranjeros

Artículo 11
LA NACIONALIDAD.

> *1. La nacionalidad española se adquiere, se conserva y se pierde de acuerdo con lo establecido por la ley.*

La Constitución Española determina quién es español, cómo se conserva la nacionalidad y en qué casos se podría adquirir. Porque las leyes deben explicar claramente quiénes pertenecen a España.

Todo español tiene derecho a su Patria y, aún a sabiendas de sentirlo emocionalmente, que existan leyes que demuestren y argumenten su pertenencia a la Nación española.

El español se ha hecho a sí mismo a través de miles de años y de generaciones. Nos nacionaliza una protohistoria, una prehistoria y una Historia de España común a lo largo de los siglos. No somos el resultado de comunidades gravemente invasivas; un español es fundamentalmente fruto de los íberos, los griegos, los fenicios, los tartesios, los cartagineses, los turdetanos, los romanos, los visigodos, los bizantinos y los reinados católicos; y también de sociedades antiquísimas de la Edad del Hierro, del Bronce, del Cobre y del Neolítico hasta enraizarnos originariamente en el amanecer de nuestros tiempos occidentales.

Hoy la nacionalidad española implica pertenecer a una sola Nación: España. Todas las personas que nacen en España o que son hijos de madres o padres españoles tienen nacionalidad española. Por ley, nacer en cualquier lugar del territorio nacional, ya sea Cataluña o las provincias vascas, supone la inmediata nacionalidad española a perpetuidad, a no ser que se renuncie de manera voluntaria y determinante a dicha nacionalidad, cumplidos los dieciocho años, para obtener otra de un país extranjero reconocido por España, la Organización de las Naciones Unidas (ONU) y la Unión Europea (UE).

Tener la nacionalidad española supone estar protegido por el imperio de la Ley de España; todas las leyes españolas aseguran los derechos de todos los que nacen españoles: las instituciones del Estado tienen el deber primordial de defender la nacionalidad española, a sangre y fuego si fuera necesario, en todo el territorio nacional. Habiendo uno nacido en España, sentirse español es una necesidad patriótica de primer orden: somos españoles por haber nacido en España y para mayor gloria de nuestra tierra. «¡Viva España!».

La Constitución Española prohíbe terminantemente los conceptos de "nacionalidad catalana", "nacionalidad vasca" o cualquier otra fantasiosa nacionalidad regional dentro de España. Es decir, única y exclusivamente es posible adquirir por nacimiento la nacionalidad española en cualquier parte del territorio nacional.

> 2. *Ningún español de origen podrá ser privado de su nacionalidad.*

> 3. *El Estado podrá concertar tratados de doble nacionalidad con los países iberoamericanos o con aquellos que hayan tenido o tengan una particular vinculación con España. En estos mismos países, aun cuando no reconozcan a sus ciudadanos un derecho recíproco, podrán naturalizarse los españoles sin perder su nacionalidad de origen.*

Es un reconocimiento a los ciudadanos de esos países cuyos antepasados fueron súbditos del Reino de España a lo largo de nuestra Historia; se recompensa esa vinculación histórica, porque sus ancestros contribuyeron como esclavos, encomendados, funcionarios, etcétera, a la gloriosa gesta del Imperio español que gobernó en numerosos territorios de ultramar. Hoy, países como Venezuela y Bolivia deben su idioma y su despertar democrático a nuestro país, y así se les premia con la doble nacionalidad. Del mismo modo, cuando existe una presencia importante de españoles en países extranjeros y/o comunitarios

(Suiza, Francia, Alemania, etcétera) se permitirá también la doble nacionalidad.

Artículo 12
LA MAYORÍA DE EDAD.

> *Los españoles son mayores de edad a los dieciocho años.*

A los dieciocho años, la Constitución Española reconoce la mayoría de edad de los españoles. A partir de dicha edad, se adquiere constitucionalmente la capacidad para ser titular tanto de derechos como de obligaciones: emanciparse totalmente de los padres, apertura de cuentas bancarias, acceso a contenido sexual explícito, capacidad para contratar, votar en las elecciones, etcétera.

Artículo 13
LOS DERECHOS DE LOS EXTRANJEROS.

> *1. Los extranjeros gozarán en España de las libertades públicas que garantiza el presente Título en los términos que establezcan los tratados y la ley.*

Los extranjeros tienen algunos derechos cuando están en España; pueden disfrutar de muchos derechos fundamentales que reconoce nuestra Constitución en su Título I, aunque en la práctica dichos derechos fundamentales son para ellos de configuración legal: los extranjeros están sujetos por su condición a otras leyes y tratados que no especifica la Constitución Española pero que están obligados a cumplir en territorio español.

> *2. Solamente los españoles serán titulares de los derechos reconocidos en el Artículo 23, salvo lo que, atendiendo a criterios de reciprocidad, pueda establecerse por tratado o ley para el derecho de sufragio activo y pasivo en las elecciones municipales.*

Solo los españoles tenemos derecho a participar en los asuntos públicos y derecho de libre acceso a los cargos públicos. Ningún extranjero podrá votar en las elecciones al Congreso de los Diputados, al Senado ni a ningún Parlamento de las Comunidades Autónomas.

> *3. La extradición sólo se concederá en cumplimiento de un tratado o de la ley, atendiendo al principio de reciprocidad. Quedan excluidos de la extradición los delitos políticos, no considerándose como tales los actos de terrorismo.*

España extraditará a un presunto delincuente cuando existan pruebas y/o evidencias del delito y garantías democráticas en el país solicitante.

4. La ley establecerá los términos en que los ciudadanos de otros países y los apátridas podrán gozar del derecho de asilo en España.

España se caracteriza por la acogida de extranjeros que en sus países de origen son perseguidos por su etnia, raza, religión, ideas u otros motivos diferentes; quienes han perdido su nacionalidad o quienes no tienen protección diplomática también podrán pedir asilo en España. Quienes vienen de regímenes dictatoriales o seudodemocráticos pueden pedir asilo al protector, solidario y democrático Estado español.

Capítulo segundo

Derechos y libertades

DERECHOS DE LA PERSONA ESPAÑOLA:
- Libertades físicas:
    - Derecho a defender a España (Art. 30).
    - Derecho a la vida (Art. 15).
    - Abolición de la pena de muerte (Art. 15).
    - Protección de la salud (Art.43).
    - Derecho a un medio ambiente saludable (Art. 45).
    - Derecho a una buena calidad de vida (Art. 45).
    - Derecho a seguridad laboral y descanso (Art. 40).
    - Rehabilitación e integración de discapacitados (Art. 48).
- Seguridad personal:
    - Igualdad ante la ley (Art. 14).
    - Derecho a la seguridad de ser libre (Art. 17).
    - Asistencia de abogado al detenido (Art. 17).
    - Detención preventiva hasta 72 horas (Art. 17).
    - Derecho de *habeas corpus* (Art. 17).
    - Derecho a fijar residencia (Art. 19).
    - Derecho de movimiento por toda España (Art. 19).
    - Derecho a la tutela judicial (Art. 24).
- Libertad de pensamiento:
    - Libertad de expresión (Art. 20).
    - Libertad ideológica y religiosa (Art. 16).
    - Derecho a la información (Art. 20).

- Libertad de creación intelectual (Art. 20).
- Derecho a la educación (Art. 27).
- Derecho a crear centros docentes (Art. 27).
- Derecho de acceso a la cultura (Art. 44).
- Prohibición de censuras previas (Art. 20).
- Vida privada:
  - Inviolabilidad del domicilio (Art. 18).
  - Inviolabilidad de las comunicaciones (Art. 18).
  - Derecho al honor e intimidad personal (Art. 18).
  - Protección de la familia (Art. 39).
  - Derecho a la propia imagen (Art. 18).
  - Derecho a contraer matrimonio (Art. 32).

DERECHOS COLECTIVOS DE LOS ESPAÑOLES:
- Participación política:
  - Libertad de partidos políticos democráticos (Art. 6).
  - Participación a través de políticos elegidos (Art. 23).
  - Derecho de petición (Art. 29).
- Derecho de asociación (Art. 22) y fundación (Art. 34).
- Derecho de reunión y manifestación (Art. 21).
- Derechos económicos:
  - Derecho al trabajo (Art. 35).
  - Derecho a la vivienda (Art. 47).
  - Libertad de profesión (Art. 35).
  - Libertad sindical (Art. 28).
  - Derecho de huelga (Art. 28 y 37).
  - Derecho a la propiedad privada y herencia (Art. 33).
  - Libertad de empresa (Art. 38).
  - Distribución equitativa de la renta (Art. 40).
  - Defensa de los consumidores (Art. 51).

DEBERES DE LOS ESPAÑOLES:
- Deberes personales:
  - Deber de cumplir la Constitución Española (Art. 9).
  - Deber de reconocer la Patria española (Art. 2).
  - Deber de defender a España (Art. 30).
  - Deber de hablar español en toda España (Art. 3).
  - Deber de reconocer la bandera española (Art. 4).
  - Reconocimiento de la Monarquía parlamentaria (Art. 1).
  - Deberes familiares (Art. 32).

- Enseñanza obligatoria (Art. 27).
- Deberes económicos:
    - Deberes ante catástrofes y emergencias (Art. 30).
    - Deber de trabajar (Art. 35).
    - Deber de sostenimiento de gastos públicos (Art. 31).

Artículo 14
LA IGUALDAD ANTE LA LEY.

Los españoles son iguales ante la ley, sin que pueda prevalecer discriminación alguna por razón de nacimiento, raza, sexo, religión, opinión o cualquier otra condición o circunstancia personal o social.

Las leyes son iguales para todos los ciudadanos españoles. Ninguna persona en España está por encima o por debajo de otra cuando se aplica el imperio de la Ley. Por lo tanto, generalizando este Artículo se puede afirmar que gracias a la Carta Magna:

- Nadie nace en España con más derechos que otro: todos tenemos las mismas oportunidades cuando nacemos.
- Ningún español ni extranjero en todo el territorio nacional podrá ser discriminado por su raza o etnia.
- Nadie puede ser discriminado por su sexo; todos los sexos deben ser respetados y reconocidos en cualquier ámbito público o privado: transexuales, andróginos, intersexuales, hombres, asexuales, demisexuales, travestis, mujeres, pansexuales, etcétera.
- La religión de una persona no debe ser motivo de discriminación. Pero la religión islámica, dada su peligrosidad cuando se radicaliza, se vigilará particularmente por las Fuerzas y Cuerpos de Seguridad del Estado para evitar atentados terroristas por parte de sus fieles musulmanes más fanatizados y extremistas: los yihadistas suelen formar parte de la población musulmana, aparentemente integrados en la sociedad española. El islamismo radical es una grave amenaza para la seguridad nacional: España siempre será un objetivo yihadista.
- Todas las opiniones están garantizadas constitucionalmente siempre y cuando acaten el imperio de la Ley: se puede decir cualquier cosa sin ofender a nadie, sin insultar, sin incitar a realizar ilegalidades, sin amenazar, etcétera. Por mero sentido común, todo el mundo sabe qué opiniones son constitutivas de delito.

Sección 1ª

De los derechos fundamentales y de las libertades públicas

Artículo 15
EL DERECHO A LA VIDA.

> *Todos tienen derecho a la vida y a la integridad física y moral, sin que, en ningún caso, puedan ser sometidos a tortura ni a penas o a tratos inhumanos o degradantes. Queda abolida la pena de muerte, salvo lo que puedan disponer las leyes penales militares para tiempos de guerra.*

Es el primer derecho civil para cualquier ciudadano en territorio español: el derecho de las personas a la vida. Todos los poderes del Estado y las Administraciones Públicas tienen el deber y la obligación de defender la salud y la vida de los ciudadanos en territorio español. El bien más preciado de una persona es la vida, y este bien está absolutamente protegido por la Carta Magna.

En España, quien tortura o maltrata a otra persona se enfrenta más temprano que tarde al imperio de la Ley. Nuestra Constitución es implacable contra los torturadores y los maltratadores. El texto constitucional evita que los españoles puedan ser impunemente vejados, menospreciados o tratados de forma inhumana. Cualquier agresión a la vida de un ciudadano español es duramente castigada por nuestras leyes cuando ocurre en nuestro territorio nacional. La Carta Magna no permite ni el maltrato físico ni psicológico bajo ningún concepto, ya sea en el espacio público o en el ámbito familiar. El derecho a la vida en España es prácticamente absoluto, salvo excepciones: tiempo de guerra, abatimiento de terroristas yihadistas que portan armas o explosivos, etcétera.

El Estado español tiene derecho a matar en momentos excepcionales, y sus Fuerzas y Cuerpos de Seguridad del Estado junto a las Fuerzas Armadas deberán hacerlo de manera fulminante durante actos sanguinarios de terrorismo yihadista, justo en el momento en que se estén produciendo dichos actos de barbarie en territorio nacional: policías y militares tendrán el deber constitucional de enfrentarse *in situ* a los terroristas y disparar siempre a matar. La seguridad de la pacífica ciudadanía española será siempre prioritaria cuando se dispare contra un terrorista yihadista: defender la convivencia pacífica en España y la vida de un buen ciudadano en suelo patrio son lo primero.

En definitiva, proteger la vida de un ciudadano español es proteger la especie humana democrática y civilizada; al proteger miles de historias personales españolas, nos aseguramos una sociedad del bienestar proclive a mantener relaciones sexuales satisfactorias que permitirán el nacimiento de nuevas generaciones de españoles emocionalmente sanos: es constitucional, con seguridad policial y defensa militar, garantizar la vida en España a través de nacimientos diarios de bebés sin ambientes externos de violencia y terrorismo. Asegurar y proteger, sanitaria y policialmente, la salud reproductiva será siempre una cuestión de Estado: la Carta Magna promueve las relaciones sexuales reproductivas y lúdicas, el sexo por el sexo para disfrutarlo, libre de fanatismos ideológico-religiosos, y así engendrar más generaciones de españoles civilizados.

Artículo 16
LA LIBERTAD IDEOLÓGICA Y RELIGIOSA.

1. Se garantiza la libertad ideológica, religiosa y de culto de los individuos y las comunidades sin más limitación, en sus manifestaciones, que la necesaria para el mantenimiento del orden público protegido por la ley.

En España existe un pluralismo religioso amparado por la Constitución Española. Pueden convivir todas las creencias religiosas del mundo en nuestro territorio nacional, y será una convivencia religiosa de mutuo respeto y de tolerancia sujeta al devenir histórico y presente de la mayoría de los españoles: España siempre se caracterizará por su catolicismo. Pero las religiones radicalizadas están terminantemente prohibidas, tanto en el espacio público como en el privado. Se puede practicar la religión islámica en paz, pero las prácticas religiosas yihadistas son contrarias a nuestra Constitución y a los poderes aconfesionales pero cristianos del Estado. Es decir, el Estado español es profundamente tolerante con cualquier creencia religiosa porque nuestro modelo nacional de vida es occidental y cristiano. Pero la Carta Magna siempre será implacable contra los yihadistas. La religión islámica radicalizada no tiene cabida en el presente y perpetuo Estado cristiano de España.

Todas las reivindicaciones fundamentalistas islámicas son y serán una amenaza para España, porque todas ellas degeneran en actos terroristas que coartan la libertad religiosa del resto de confesiones establecidas libremente, con mayor o menor número de practicantes, por todo el territorio nacional: budismo, hinduismo, judaísmo, etcétera; confesiones religiosas que se practican en paz por todo nuestro país.

La religión islámica no es una seña de identidad para España, porque nunca lo fue: hay una Iberia enraizada en la Carta Magna. El Islam como cultura impregnó un breve periodo histórico de nuestro territorio; nos invadieron unos parásitos, queriendo destruir nuestra identidad ibérica y occidental, aunque finalmente logramos recuperar nuestro sacrosanto y cristiano territorio a perpetuidad, Biblia en mano, con la Vulgata: España siempre tuvo una identidad propia a pesar de las inhumanas invasiones musulmanas. La presencia musulmana en nuestro territorio apenas superó el siete y medio por ciento en el conjunto de periodos protohistóricos, prehistóricos e históricos de la península ibérica más España como Nación. Pero el yihadismo siempre tergiversará la Historia de España, negando incluso nuestra Antigüedad hispana.

Los españoles, política y socialmente, viviremos nuestras vidas como queramos, respetando siempre el marco constitucional. Somos libres para tener una u otra ideología, para elegir un partido político u otro: uno puede ser podemita o derechón, centrista o izquierdista, etcétera. Podemos tener unas preferencias filosóficas u otras para comprender el mundo que nos rodea. Incluso podemos elegir la religión que más nos convenga para responder a nuestras inquietudes trascendentales y espirituales. La Constitución Española permite la diversidad de creencias, porque pensar de manera diferente es lo que enriquece a la sociedad española, alejándonos así de cualquier radicalismo y fanatismo.

> **2. *Nadie podrá ser obligado a declarar sobre su ideología, religión o creencias.***

Todo ciudadano que viva en España tiene derecho a guardar silencio, esté o no detenido por las fuerzas policiales.

En España, del mismo modo que se puede pensar o creer en cualquier cosa, la Carta Magna también nos concede el derecho a no creer en nada, a no posicionarnos ideológicamente, a no profesar ninguna religión. Por lo tanto, sin contrariedad alguna, en función de las convicciones de cada cual, todos los españoles podrán aprender, enseñar o practicar sus creencias sin imposiciones del Estado ni de las Comunidades Autónomas. Pero pensar y creer en algo que genere convivencia democrática debe tener siempre el apoyo de las instituciones públicas, permitiéndose así las conmemoraciones festivas, las celebraciones matrimoniales, las procesiones religiosas, la divulgación de credos pacíficos, etcétera.

Y en general, nadie está obligado a declarar públicamente sus creencias religiosas o políticas; excepto los yihadistas y fundamentalistas islámicos que son una grave amenaza para la seguridad nacional, los cuales deben ser detenidos y concienzudamente interrogados por las Fuerzas y Cuerpos de Seguridad del Estado.

> *3. Ninguna confesión tendrá carácter estatal. Los poderes públicos tendrán en cuenta las creencias religiosas de la sociedad española y mantendrán las consiguientes relaciones de cooperación con la Iglesia Católica y las demás confesiones.*

La Iglesia católica y el Estado español están separados por mandato constitucional, aunque las instituciones públicas deben tener una especial consideración con la mayoría religiosa de España: los ciudadanos católicos practicantes o no. Porque la forma de vida española se fundamenta por el cristianismo, y particularmente por el catolicismo.

Artículo 17
EL DERECHO A LA LIBERTAD PERSONAL.

> *1. Toda persona tiene derecho a la libertad y a la seguridad. Nadie puede ser privado de su libertad, sino con la observancia de lo establecido en este Artículo y en los casos y en la forma previstos en la ley.*

Todos los españoles somos personas libres y tenemos derecho a sentirnos seguros en cualquier lugar del territorio nacional.

En España, una persona pierde su libertad cuando va a atentar de forma inminente y mortal contra otra o contra un grupo de personas. En dicho caso la Policía debe abatir al terrorista, disparando a matar; no hay proceso de detención para yihadistas que pretenden inmolarse y/o asesinar *in situ* a civilizados ciudadanos españoles o extranjeros.

Detener y encarcelar a una persona, privándola de su libertad, es la mayor pena que puede aplicarse en España. Así las leyes son muy estrictas a la hora de detener a alguien, porque se pretende evitar abusos o errores. Cada detención en España se hace de manera escrupulosa conforme a la Carta Magna y las leyes que derivan de ella.

> *2. La detención preventiva no podrá durar más del tiempo estrictamente necesario para la realización de las averiguaciones tendentes al esclarecimiento de los hechos, y, en todo caso, en el plazo máximo de setenta y dos horas, el detenido deberá ser puesto en libertad o a disposición de la autoridad judicial.*

> 3. Toda persona detenida debe ser informada de forma inmediata, y de modo que le sea comprensible, de sus derechos y de las razones de su detención, no pudiendo ser obligada a declarar. Se garantiza la asistencia de abogado al detenido en las diligencias policiales y judiciales, en los términos que la ley establezca.

La Policía debe detener a cualquier persona que infrinja la ley, explicándole los motivos por los que es detenida, permitiéndole guardar silencio y ofreciéndole un abogado de oficio en su caso. Porque cualquier persona detenida en España tiene derecho a la asistencia jurídica en función de sus necesidades, disponiendo de una amplia variedad de recursos legales para su defensa.

> 4. La ley regulará un procedimiento de "habeas corpus" para producir la inmediata puesta a disposición judicial de toda persona detenida ilegalmente. Asimismo, por ley se determinará el plazo máximo de duración de la prisión provisional.

El *habeas corpus* impide las detenciones ilegales. Así, cualquier prisión incondicional tendrá un plazo máximo que no podrá superar al tiempo de pena de cárcel en el caso de que el detenido fuera declarado culpable. Así, ningún detenido que pueda resultar inocente estará más tiempo en la cárcel de lo que es justo o marcan las leyes.

Artículo 18
EL DERECHO A LA INTIMIDAD Y AL HONOR.

> 1. Se garantiza el derecho al honor, a la intimidad personal y familiar y a la propia imagen.

Todos los españoles tenemos derecho a no ser insultados ni calumniados ni injuriados ni despreciados; de lo contrario, hay que querellarse para recuperar la dignidad y también para ser indemnizados o compensados económicamente. Nadie puede manchar el buen nombre de nadie, esté vivo o muerto.

La vida privada de un ciudadano español es solo asunto suyo, mientras que no infrinja la ley; debe respetarse su intimidad sin ser molestado.

Nadie puede utilizar la figura física de otra persona sin su consentimiento; no se puede hacer uso de imágenes o voces ajenas sin los permisos y licencias pertinentes. Y del mismo modo, tampoco se puede hablar en nombre de otra persona sin el consentimiento de la misma.
INVIOLABILIDAD DEL DOMICILIO.

> *2. El domicilio es inviolable. Ninguna entrada o registro podrá hacerse en él sin consentimiento del titular o resolución judicial, salvo en caso de flagrante delito.*

Nadie puede entrar en casa de otra persona sin permiso. El allanamiento de morada es un delito; la Constitución Española salvaguarda la intimidad del hogar. Y la Policía no puede entrar en una vivienda sin una orden judicial, excepto cuando se está cometiendo un delito que es visible o escuchado por parte de los agentes policiales.

> *3. Se garantiza el secreto de las comunicaciones y, en especial, de las postales, telegráficas y telefónicas, salvo resolución judicial.*

No se pueden abrir las cartas ni escuchar llamadas telefónicas ni leer correos electrónicos ajenos sin una orden judicial previa. El secreto de las comunicaciones es fundamental para proteger la privacidad y la intimidad de los españoles.

> *4. La ley limitará el uso de la informática para garantizar el honor y la intimidad personal y familiar de los ciudadanos y el pleno ejercicio de sus derechos.*

Los padrones, los censos, las muestras y los demás datos públicos destinados al buen funcionamiento del Estado y de las Administraciones Autonómicas y Municipales no pueden utilizarse con fines políticos. Tal fue el caso del *Govern de la Generalitat de Catalunya* que hizo un uso fraudulento e ilegal de los datos de millones de catalanes para realizar en 2017 un seudoreferéndum, violando el secreto de las comunicaciones y exponiendo dichos datos a los *hackers* (piratas informáticos) de todo el mundo.

Artículo 19
LA LIBERTAD DE RESIDENCIA Y CIRCULACIÓN.

> *Los españoles tienen derecho a elegir libremente su residencia y a circular por el territorio nacional.*
> *Asimismo, tienen derecho a entrar y salir libremente de España en los términos que la ley establezca. Este derecho no podrá ser limitado por motivos políticos o ideológicos.*

Los españoles podemos vivir en cualquier lugar del país, según la habitabilidad libre del lugar que marcan las leyes españolas. No se puede vivir en determinados espacios naturales, no es legal ocupar casas cuya propiedad es ajena, no se puede vivir en lugares peligrosos, etcétera. Pero hay miles de ciudades, pueblos y aldeas de España donde se puede vivir con absoluta libertad y amparado por todos los derechos constitucionales: una España para ser disfrutada por todos los españoles. Y se podrá viajar o hacer turismo por todo el territorio nacional con absoluta libertad y con todas las garantías constitucionales. También podemos emigrar a cualquier lugar del mundo y luego retornar a España cuando nos apetezca: vivimos en un país tan libre que nos facilita tanto la salida como el retorno a la Patria. Dicha libertad de movimiento solo quedará restringida en caso de gran epidemia, tratándose de un asunto de seguridad nacional donde las autoridades sanitarias plantean periodos de cuarentena, reclusión, detención, etcétera.

Artículo 20
LA LIBERTAD DE EXPRESIÓN.

1. Se reconocen y protegen los derechos:
a) A expresar y difundir libremente los pensamientos, ideas y opiniones mediante la palabra, el escrito o cualquier otro medio de reproducción.
b) A la producción y creación literaria, artística, científica y técnica.
c) A la libertad de cátedra.
d) A comunicar o recibir libremente información veraz por cualquier medio de difusión. La ley regulará el derecho a la cláusula de conciencia y al secreto profesional en el ejercicio de estas libertades.

Este Artículo refleja el pluralismo cultural de la Constitución Española, protegiendo la libertad de expresión de cada ciudadano español:

a) Un español puede expresar sus opiniones y sus ideas con absoluta libertad, respetando a los demás y las leyes de buena convivencia. La libertad de pensamiento es un derecho de primer orden en la Carta Magna.

b) Existe el derecho a expresar literaria o científicamente cualquier idea u opinión. A través de la literatura se puede escribir todo cuanto uno imagina, sea legal o no, porque la ficción es el único espacio donde la libertad de expresión es total al margen de las leyes y las costumbres.

c) Los profesores tienen derecho a expresar sus conocimientos e ideas con total libertad en los colegios, los institutos, las academias y las universidades.

d) Los españoles tienen el derecho de ser informados verazmente por televisión, internet, radio, periódicos, etcétera. Y los servicios públicos de información deben ser independientes, sin presiones de ningún gobierno en el poder. Es inconstitucional la utilización de los medios de comunicación públicos para los intereses de los partidos políticos, excepto en periodo electoral y según lo establecido por las leyes. La manipulación informativa también es inconstitucional, constitutiva de delito como ocurrió en 2017 con la televisión pública de Cataluña que manipuló a la opinión pública catalana y propagó todo tipo de mentiras históricas y políticas durante aquel ridículo, falso e ilegal proceso de independencia.

2. El ejercicio de estos derechos no puede restringirse mediante ningún tipo de censura previa.

La censura informativa solo es posible cuando existe un inminente riesgo para la seguridad nacional. Y durante un atentado terrorista está prohibido informar de aquello expresamente determinado por las Fuerzas y Cuerpos de Seguridad del Estado.

3. La ley regulará la organización y el control parlamentario de los medios de comunicación social dependientes del Estado o de cualquier ente público y garantizará el acceso a dichos medios de los grupos sociales y políticos significativos, respetando el pluralismo de la sociedad y de las diversas lenguas de España.

4. Estas libertades tienen su límite en el respeto a los derechos reconocidos en este Título, en los preceptos de las leyes que lo desarrollan y, especialmente, en el derecho al honor, a la intimidad, a la propia imagen y a la protección de la juventud y de la infancia.

5. Sólo podrá acordarse el secuestro de publicaciones, grabaciones y otros medios de información en virtud de resolución judicial.

Un Juez puede prohibir la difusión de una noticia ya publicada cuando atente contra el honor de alguien, cuando no respeta la vida privada de una persona, cuando viola los derechos de los niños y los adolescentes, etcétera.

Artículo 21
EL DERECHO DE REUNIÓN.

1. Se reconoce el derecho de reunión pacífica y sin armas. El ejercicio de este derecho no necesitará autorización previa.

Los españoles pueden reunirse pacífica y libremente, pero sin portar armas de ningún tipo. También tienen derecho a manifestarse, avisando previamente a las instituciones pertinentes cuando se trata de un lugar público. Quien organiza una reunión debe asegurar la paz en el lugar privado o público de encuentro, porque la euforia y las pasiones de las masas pronto se desatan; las reuniones deben ser reflexivas, buscando el razonamiento a través de las diferentes opiniones o no, pero siempre evitando las arengas violentas. La libertad para reunirse en público no debe servir para instigar o acosar, porque eso es constitutivo de delito. Cualquier reunión que degenere en altercados o desórdenes públicos podrá ser prohibida por las Fuerzas y Cuerpos de Seguridad del Estado; los antidisturbios podrán sofocar cualquier manifestación violenta con todos los medios policiales pertinentes: restablecer el orden constitucional del espacio público es una prioridad, porque se debe garantizar la tranquilidad y la seguridad de los demás ciudadanos reunidos pacíficamente. Todas las manifestaciones pacíficas están permitidas por la Carta Magna, pero ninguna que sea violenta llegará a término mientras actúen con firmeza y proporcionalidad los policías antidisturbios; del mismo modo que no se permitirá que una manifestación altere gravemente el tráfico o la circulación de los ciudadanos en un núcleo urbano.

> **2. En los casos de reuniones en lugares de tránsito público y manifestaciones se dará comunicación previa a la autoridad, que sólo podrá prohibirlas cuando existan razones fundadas de alteración del orden público, con peligro para personas o bienes.**

Artículo 22
EL DERECHO DE ASOCIACIÓN.

> **1. Se reconoce el derecho de asociación.**

También se reconoce implícitamente las asociaciones que al final se convierten en partidos políticos. Luego este Artículo es una muestra más del pluralismo democrático que impregna la Constitución Española.

Se pueden crear libremente todo tipo de asociaciones cuyas actividades sean legales.

> **2. Las asociaciones que persigan fines o utilicen medios tipificados como delitos son ilegales.**

Cualquier asociación debe funcionar acatando el imperio de la Ley. Dichas asociaciones tendrán sus propias reglas o estatutos para determinar claramente cuáles son sus funciones y sus cometidos; las asociaciones se crean precisamente para agrupar a personas que tienen unos intereses comunes y necesitan alcanzar unos objetivos también deseados por todo el grupo.

> **3. Las asociaciones constituidas al amparo de este Artículo deberán inscribirse en un registro a los solos efectos de publicidad.**

Cada asociación debe estar registrada en el Registro público que sea pertinente a nivel de Estado, autonómico, provincial o municipal. De esta manera, todos los españoles podrán saber a qué se dedican unas y otras asociaciones en España, conociendo también sus intereses, sus medios, sus limitaciones, etcétera.

4. Las asociaciones sólo podrán ser disueltas o suspendidas en sus actividades en virtud de resolución judicial motivada.

Para suspender o disolver una asociación en España es necesario una resolución judicial que esté fundamentada, es decir, que el Juez deberá tener muy clara la actividad ilícita o ilegal de la asociación en cuestión.

5. Se prohíben las asociaciones secretas y las de carácter paramilitar.

Las sociedades paramilitares están terminantemente prohibidas: los grupos terroristas vascos y catalanes siempre han sido una gravísima amenaza para la seguridad nacional, por lo que siempre serán perseguidos y exterminados democráticamente con todos los medios del Estado español.

Artículo 23
EL DERECHO DE PARTICIPACIÓN.

1. Los ciudadanos tienen el derecho a participar en los asuntos públicos, directamente o por medio de representantes, libremente elegidos en elecciones periódicas por sufragio universal.

Los ciudadanos disponen de derechos políticos e institucionales para la participación política, lo cual fundamenta el pluralismo político como uno de los mayores valores de nuestro ordenamiento jurídico.

Participar en la política española es una obligación cívica, y los ciudadanos deben ser responsables de ello: abstenerse de votar no es una opción. El patriotismo también se practica votando a los representantes políticos en las elecciones. Cada voto es parte de los deseos de seguir mejorando y engrandeciendo la Nación española, eligiendo desde el alcalde del municipio más pequeño hasta el Presidente del Gobierno de España. Aunque votar no sea de obligado cumplimiento, sí que es una facultad que nos privilegia como españoles. Es un derecho constitucional de primer orden: tenemos absoluta libertad para votar o no. Pero el derecho a votar siempre lo conservará un ciudadano español: el poder de las instituciones que nos gobiernan siempre estará supeditado a nuestra capacidad de votar. Cualquier español mayor de edad puede votar el presente y el futuro de la Patria. En España cada voto determina cuáles serán las estructuras sociales y económicas que pensamos que nos darán mayor bienestar.

Incluso un ciudadano español puede presentar su candidatura para ser elegido como Alcalde o Diputado en el Congreso de los Diputados.

> **2. Asimismo, tienen derecho a acceder en condiciones de igualdad a las funciones y cargos públicos, con los requisitos que señalen las leyes.**

Cualquier español puede examinarse, en igualdad de condiciones, para optar a un puesto en la Administración Pública, sin discriminación alguna por razón de sexo, religión, ideología, etcétera.

Artículo 24
LA PROTECCIÓN JUDICIAL DE LOS DERECHOS.

> **1. Todas las personas tienen derecho a obtener la tutela efectiva de los Jueces y Tribunales en el ejercicio de sus derechos e intereses legítimos, sin que, en ningún caso, pueda producirse indefensión.**

Todo español tiene derecho a ir a juicio para defender sus derechos constitucionales cuando piensa que han sido vulnerados.

Es un derecho de acceso libre a la Justicia: todo lo que uno piensa que es malo o dañino o incívico es denunciable. Nadie está indefenso judicialmente en España.

Ante Jueces y Tribunales, se pueden presentar denuncias, demandas, querellas, recursos, etcétera. Incluso las personas sin recursos económicos podrán acceder a la Justicia a través del turno de oficio; cualquier español empobrecido tiene derecho a un abogado que le defienda de manera gratuita.

> **2. Asimismo, todos tienen derecho al Juez ordinario predeterminado por la ley, a la defensa y a la asistencia de letrado, a ser informados de la acusación formulada contra ellos, a un proceso público sin dilaciones indebidas y con todas las garantías, a utilizar los medios de prueba pertinentes para su defensa, a no declarar contra sí mismos, a no confesarse culpables y a la presunción de inocencia.**
> **La ley regulará los casos en que, por razón de parentesco o de secreto profesional, no se estará obligado a declarar sobre hechos presuntamente delictivos.**

La figura del Juez está en nuestra sociedad española para que cualquiera pueda acudir a él y pedirle justicia. Y además, un ciudadano español es inocente de cualquier acusación mientras que un Juez no dictamine lo contrario.

Artículo 25
EL PRINCIPIO DE LEGALIDAD PENAL.

> *1. Nadie puede ser condenado o sancionado por acciones u omisiones que en el momento de producirse no constituyan delito, falta o infracción administrativa, según la legislación vigente en aquel momento.*

Los ciudadanos únicamente pueden ser condenados cuando el delito está tipificado como tal en nuestra legislación actual: no hay pena sin previa ley; y en asuntos penales no hay retroactividad.

EL TRABAJO REMUNERADO PARA LOS RECLUSOS.

> *2. Las penas privativas de libertad y las medidas de seguridad estarán orientadas hacia la reeducación y reinserción social y no podrán consistir en trabajos forzados. El condenado a pena de prisión que estuviere cumpliendo la misma gozará de los derechos fundamentales de este Capítulo, a excepción de los que se vean expresamente limitados por el contenido del fallo condenatorio, el sentido de la pena y la ley penitenciaria. En todo caso, tendrá derecho a un trabajo remunerado y a los beneficios correspondientes de la Seguridad Social, así como al acceso a la cultura y al desarrollo integral de su personalidad.*

Los presos de las cárceles españolas tienen derechos constitucionales: derecho al trabajo remunerado, derecho al estudio, etcétera. Porque el objetivo de la Carta Magna es reeducar a los delincuentes encarcelados para que se reinserten en la sociedad como personas de bien y que además sean capaces de vivir en libertad como el resto de los ciudadanos libres. Quienes no consiguen reinsertarse, violando de nuevo los principios de la Constitución Española, siempre vuelven a prisión: quien no es capaz de vivir bajo el imperio de la Ley que mayoritariamente cumple la sociedad española, se convierte en mera carne de presidio, en un ser que entra y sale de las cárceles como rutina, en un modo de vida delincuencial y sin aspiraciones en la vida, en una existencia inconstitucional, antipatriótica y dañina para el resto de los españoles que aman su país.

> *3. La Administración civil no podrá imponer sanciones que, directa o subsidiariamente, impliquen privación de libertad.*

La Justicia española es la única institución del Estado que puede privar de libertad a una persona, teniendo por tanto potestad para enviarla a la cárcel.

Artículo 26
LA PROHIBICIÓN DE LOS TRIBUNALES DE HONOR.

Se prohíben los Tribunales de Honor en el ámbito de la Administración civil y de las organizaciones profesionales.

Se prohíben este tipo de tribunales arbitrarios que juzgan a las personas al margen de las leyes y de la misma Constitución Española. En España no es posible aplicar una justicia que sustituya al Poder Judicial; solo hay una justicia ordinaria para todos los españoles, garantizándose así la revisión de una sentencia judicial en apelación frente a los Tribunales Superiores de Justicia, pudiéndose incluso llevar en última instancia frente al Tribunal Supremo.

Artículo 27
EL DERECHO A LA EDUCACIÓN Y LA LIBERTAD DE ENSEÑANZA.

1. Todos tienen el derecho a la educación. Se reconoce la libertad de enseñanza.

En este Artículo se presentan unos derechos sociales inequívocos y propios de nuestro Estado social.

Todos los españoles tienen derecho a ser educados en colegios, institutos, universidades, etcétera, sin hacer distinciones entre las clases sociales.

2. La educación tendrá por objeto el pleno desarrollo de la personalidad humana en el respeto a los principios democráticos de convivencia y a los derechos y libertades fundamentales.

Hay que educar a las personas para que desarrollen su personalidad y sepan cómo y por qué deben respetar las libertades y los derechos ajenos dentro del marco de la Carta Magna. Así los alumnos podrán evitar el adoctrinamiento antipatriótico y antiespañol que suele producirse en el sistema educativo catalán y vasco cuando gobiernan en sus Comunidades Autónomas los partidos políticos nacionalistas y proindependentistas. La Constitución Española debe ser una asignatura obligatoria en todo el territorio nacional para que los niños y jóvenes ciudadanos aprendan la cultura política española, la verdadera Historia de España a través de los valores constitucionales; la Carta Magna enseña a respetar al prójimo y a convivir en paz y harmonía. Hace falta un buen nivel educativo para prosperar en España y/o el resto del mundo: aprender a vivir como españoles de bien.

> **3. Los poderes públicos garantizan el derecho que asiste a los padres para que sus hijos reciban la formación religiosa y moral que esté de acuerdo con sus propias convicciones.**

Los padres tienen derecho a que sus hijos reciban una educación católica o una educación moral cristiana, e incluso ambas a la vez. De una u otra forma, todos los estudiantes tienen la obligación de ser educados en los valores cívicos occidentales sea cual sea el criterio de sus padres.

> **4. La enseñanza básica es obligatoria y gratuita.**

Los españoles adquirirán unos conocimientos básicos a través del estudio, y debe hacerse obligatoriamente desde los seis a los dieciséis años de edad; dicha educación será gratuita y de calidad, pudiéndose optar por una educación concertada y/o pagada como cualquier otro servicio privado.

> **5. Los poderes públicos garantizan el derecho de todos a la educación, mediante una programación general de la enseñanza, con participación efectiva de todos los sectores afectados y la creación de centros docentes.**

Los poderes del Estado programarán o planificarán las bases del sistema educativo español para transferirlas luego a cada Comunidad Autónoma; así se garantiza el derecho a una educación sin sectarismo ni adoctrinamiento ni clasismo en todo el territorio nacional. Se trata de evitar ese odio hacia España que se ha inculcado en muchos centros docentes de Cataluña y las provincias vascas durante años, donde se han impartido unas enseñanzas seudohistóricas con claras intenciones nacionalistas, secesionistas e independentistas. Si no fuera por la vigilancia de las autoridades educativas del Estado, en muchos centros educativos de Cataluña solo existiría una enseñanza fascista basada en el adoctrinamiento extremo de sus alumnos como mera fábrica de independentistas. Para programar o planificar una buena educación para todos los niños y jóvenes españoles, el Estado consigue la complicidad y la participación de los padres de los alumnos, de los profesores y de los propios alumnos.

Todos los idearios educativos de los centros docentes de todas la Comunidades Autónomas de España deben respetar y cumplir fielmente la Constitución Española.

> **6. Se reconoce a las personas físicas y jurídicas la libertad de creación de centros docentes, dentro del respeto a los principios constitucionales.**

Todos los españoles tienen derecho a crear colegios, institutos, universidades, etcétera, para enseñar libremente ideas y conocimientos, siempre que cumplan las leyes y los principios constitucionales; la libertad de fundación docente jamás deberá suponer la perpetuación de exclusivos privilegios, clasismos y elitismos.

> 7. *Los profesores, los padres y, en su caso, los alumnos intervendrán en el control y gestión de todos los centros sostenidos por la Administración con fondos públicos, en los términos que la ley establezca.*

Sean públicos o privados, todos los centros docentes deben disponer de mecanismos participativos; la sociedad, a través de los padres y los alumnos, participa junto a los profesores en la toma de decisiones educativas de cada centro docente: las asociaciones de padres de alumnos son una de las mayores expresiones democráticas del sistema educativo español.

> 8. *Los poderes públicos inspeccionarán y homologarán el sistema educativo para garantizar el cumplimiento de las leyes.*

El Estado español garantizará la calidad de la enseñanza a través de inspecciones periódicas. Hay que evitar la repetición de los casos flagrantes y gravísimos de adoctrinamiento independentista, producidos de manera sistemática, en centros docentes de Cataluña.

> 9. *Los poderes públicos ayudarán a los centros docentes que reúnan los requisitos que la ley establezca.*

Sin privilegiar o favorecer más a un centro docente que a otro, los poderes públicos otorgarán subvenciones para la educación de los alumnos y así mejorar la calidad de la enseñanza.

LA AUTONOMÍA UNIVERSITARIA.

> 10. *Se reconoce la autonomía de las Universidades, en los términos que la ley establezca.*

Las universidades podrán autogobernarse para ser más eficaces y buscar con medios propios una mayor excelencia educativa; dicha autonomía pretende elevar el nivel de enseñanza, incrementar la investigación, etcétera.

Artículo 28
LA LIBERTAD DE SINDICACIÓN.

> 1. *Todos tienen derecho a sindicarse libremente. La ley podrá limitar o exceptuar el ejercicio de este derecho a las Fuerzas o Institutos armados o a los demás Cuerpos sometidos a disciplina militar y regulará*

> *las peculiaridades de su ejercicio para los funcionarios públicos. La libertad sindical comprende el derecho a fundar sindicatos y a afiliarse al de su elección, así como el derecho de los sindicatos a formar confederaciones y a fundar organizaciones sindicales internacionales o afiliarse a las mismas. Nadie podrá ser obligado a afiliarse a un sindicato.*

Todos los trabajadores pueden crear sindicatos y afiliarse al que más le convenga a cada uno, pero ningún trabajador puede ser obligado a sindicarse; se garantizan las condiciones de libertad e independencia para los trabajadores españoles.

EL DERECHO A LA HUELGA.

> *2. Se reconoce el derecho a la huelga de los trabajadores para la defensa de sus intereses. La ley que regule el ejercicio de este derecho establecerá las garantías precisas para asegurar el mantenimiento de los servicios esenciales de la comunidad.*

Cualquier trabajador puede hacer huelga para defender sus intereses frente al empresario, pero la ley obliga a que se cumplan los servicios mínimos para no perjudicar gravemente a los ciudadanos; está prohibido paralizar todo un servicio básico y esencial de la comunidad: no se puede poner en huelga todo el transporte público de trenes o autobuses ni todo un hospital ni todos los bomberos de una ciudad, como tampoco se puede cerrar todo un aeropuerto o parar el funcionamiento de una central eléctrica para hacer una huelga.

Quedan terminantemente prohibidas las huelgas por motivos políticos, porque no tienen nada que ver con los intereses profesionales de los trabajadores. Tampoco se puede hacer una huelga solidaria o de apoyo a otro sector empresarial completamente distinto. Y una huelga ilegal también es la que pretende alterar lo pactado ya en un convenio colectivo vigente.

La presencia del comité de huelga es fundamental para garantizar que se prestan los servicios mínimos necesarios, que se mantiene la maquinaria, que se protegen las instalaciones, etcétera, durante el tiempo que dura cualquier huelga. Así, la empresa designará siempre a los trabajadores que formarán el comité de huelga, y el trabajador que se negara a formar parte del comité sería despedido.

Artículo 29
EL DERECHO DE PETICIÓN.

> *1. Todos los españoles tendrán el derecho de petición individual y colectiva, por escrito, en la forma y con los efectos que determine la ley.*

Gracias a la Constitución Española, es posible dirigirse a los poderes públicos. Cualquier español con un problema puede pedir la solución del mismo a las instituciones públicas, y tiene derecho a hacerlo a través de una queja formal o de la tramitación de una propuesta que sea pertinente. Por lo tanto, este Artículo permite de manera directa a los ciudadanos, a nivel personal o en representación de un colectivo, solicitar algo extraordinario a los poderes públicos.

> *2. Los miembros de las Fuerzas o Institutos armados o de los Cuerpos sometidos a disciplina militar podrán ejercer este derecho sólo individualmente y con arreglo a lo dispuesto en su legislación específica.*

Para evitar la sedición o una situación de indisciplina, las fuerzas de seguridad y los militares solo tendrán derecho de petición a los poderes públicos cuando lo soliciten individualmente.

Sección 2ª

De los derechos y deberes de los ciudadanos

Artículo 30
EL SERVICIO MILITAR
Y LA OBJECIÓN DE CONCIENCIA.

> *1. Los españoles tienen el derecho y el deber de defender a España.*

En caso de guerra contra otro país, todos los ciudadanos españoles podremos defender a España junto a nuestro Ejército profesionalizado: es un deber patriótico y constitucional. Incluso en un supuesto enfrentamiento bélico contra separatistas o independentistas vascos y/o catalanes que hubieran provocado una segunda guerra civil, todos los españoles también estaríamos obligados a defender la unidad territorial de España; este sería un compromiso patriótico que haría todavía más grande y poderosa a la Nación española, impidiendo la fragmentación social, económica y territorial de España: los españoles somos todos los que somos hoy y siempre, y ningún español es prescindible ni sobrará jamás. En comunidad, por la unidad nacional, los españoles tenemos el deber de defender a sangre y fuego nuestra Patria de cualquier ataque bélico externo o interno, sean quienes sean los agresores.

> *2. La ley fijará las obligaciones militares de los españoles y regulará, con las debidas garantías, la objeción de conciencia, así como las demás causas de exención del servicio militar obligatorio, pudiendo imponer, en su caso, una prestación social sustitutoria.*

Las leyes irán regulando la necesidad de realizar o no un servicio militar obligatorio para todos los ciudadanos españoles. Actualmente no es necesario ningún servicio militar obligatorio porque España dispone de un Ejército profesional.

> *3. Podrá establecerse un servicio civil para el cumplimiento de fines de interés general.*

> *4. Mediante ley podrán regularse los deberes de los ciudadanos en los casos de grave riesgo, catástrofe o calamidad pública.*

No solo en caso de guerra estamos obligados a defender a España, también hay que hacerlo durante grandes catástrofes naturales, devastadores incendios forestales como el de Moguer en 2017, graves accidentes nucleares, brutales atentados terroristas yihadistas como el del 11M en Madrid en 2004, etcétera. La defensa de España, además de defender el territorio nacional, también consiste en socorrer a todos los ciudadanos de bien.

Artículo 31
EL SISTEMA TRIBUTARIO.

> *1. Todos contribuirán al sostenimiento de los gastos públicos de acuerdo con su capacidad económica mediante un sistema tributario justo inspirado en los principios de igualdad y progresividad que, en ningún caso, tendrá alcance confiscatorio.*

Todos los ciudadanos que residan, de manera fija o temporal, en España deben pagar sus impuestos según sean sus ingresos; quien más gana deberá pagar más a la Hacienda Pública. Por lo tanto, los impuestos que se establecen y se liquidan en cualquier parte del territorio nacional se hacen de manera justa; el principio de equidad que se aplica tiene en cuenta la capacidad contributiva de cada ciudadano a la hora de pagar los impuestos.

> *2. El gasto público realizará una asignación equitativa de los recursos públicos y su programación y ejecución responderán a los criterios de eficiencia y economía.*

El dinero recaudado por los impuestos mantiene las instituciones del Estado y los servicios públicos que benefician a los ciudadanos: la sanidad, las pensiones, la educación, etcétera.

Nuestro sistema tributario debe evitar siempre el derroche y la corrupción: he aquí un mandato constitucional de primer orden.

> *3. Sólo podrán establecerse prestaciones personales o patrimoniales de carácter público con arreglo a la ley.*

Así se evita conductas cortijeras en las que un trabajador, condicionado o chantajeado, se ve obligado a compensar con su dinero, sus productos o sus servicios a cualquier empresario sinvergüenza del cual depende su trabajo diario.

Artículo 32
EL MATRIMONIO.

> *1. El hombre y la mujer tienen derecho a contraer matrimonio con plena igualdad jurídica.*

Hoy en España, dos ciudadanos pueden unirse en matrimonio, siendo ambos de diferente sexo o del mismo.

> *2. La ley regulará las formas de matrimonio, la edad y capacidad para contraerlo, los derechos y deberes de los cónyuges, las causas de separación y disolución y sus efectos.*

Los miembros de cada pareja casada tienen los mismos derechos y la patria potestad de sus hijos. Según estipula la ley en España, es necesario tener dieciséis años de edad cumplidos y estar emancipado para poder casarse. También las leyes españolas estipulan cómo se realiza el proceso de divorcio.

Artículo 33
EL DERECHO A LA PROPIEDAD PRIVADA Y LA HERENCIA.

> *1. Se reconoce el derecho a la propiedad privada y a la herencia.*

Este Artículo es propio de programas conservadores, y al estar en la Carta Magna refleja el espíritu de consenso de la misma y el acuerdo entre fuerzas políticas muy diferentes.

Los derechos a la propiedad privada y a la herencia forman parte de nuestro modelo económico capitalista.

Cualquier ciudadano español puede heredar y, además, tiene el deber de denunciar los impuestos sobre sucesiones de las Administraciones Autonómicas ante la Justicia cuando sean deliberadamente confiscatorios.

> *2. La función social de estos derechos delimitará su contenido, de acuerdo con las leyes.*

Hay límites en cuanto al derecho a la propiedad privada, debido a que existen recursos de interés público: agua dulce, playas, bosques, monumentos, etcétera. Y lo mismo ocurre con el derecho a la herencia que, para impedir la acumulación indiscriminada de riquezas, dicha herencia está sujeta a los impuestos sobre sucesiones.

> *3. Nadie podrá ser privado de sus bienes y derechos sino por causa justificada de utilidad pública o interés social, mediante la correspondiente indemnización y de conformidad con lo dispuesto por las leyes.*

Los ciudadanos españoles tenemos derecho a poseer cosas como propias y de nadie más.

La Constitución Española protege al ciudadano para que nadie le quite lo que es suyo por derecho propio. En el caso de que se le quite algo a una persona, esta será indemnizada: toda expropiación injustificada deberá indemnizarse.

Artículo 34
EL DERECHO DE FUNDACIÓN.

> *1. Se reconoce el derecho de fundación para fines de interés general, con arreglo a la ley.*

Los españoles pueden crear fundaciones para gestionar dinero en beneficio de personas vulnerables, para actividades culturales o deportivas, etcétera. Las fundaciones reflejan su generosidad con la sociedad española; sin fines de lucro, solo con fines altruistas, las fundaciones son figuras jurídicas o entidades que actúan plenamente en favor de los demás, promoviendo causas benéficas, culturales, religiosas, educativas, científicas, etcétera. A través de un fondo patrimonial, cada fundación podrá gestionar donaciones, ayudas, becas, financiaciones, etcétera.

> *2. Regirá también para las fundaciones lo dispuesto en los apartados 2 y 4 del Artículo 22.*

Las fundaciones se regirán como las asociaciones, no permitiéndose la creación de fundaciones para propósitos ilegales, porque serían disueltas o suspendidas por un mandato judicial.

Artículo 35
EL TRABAJO, DERECHO Y DEBER.

> *1. Todos los españoles tienen el deber de trabajar y el derecho al trabajo, a la libre elección de profesión u oficio, a la promoción a través del trabajo y a una remuneración suficiente para satisfacer sus necesidades y las de su familia, sin que en ningún caso pueda hacerse discriminación por razón de sexo.*

Este Artículo expresa que el trabajo es un derecho social inequívoco y propio de nuestro Estado social. Así, la Constitución Española defiende la necesidad de que un trabajo se realice en condiciones dignas y seguras, además de que el sueldo sea el adecuado, que existan prestaciones sociales, atención sanitaria laboral, etcétera. De manera más concreta, en España, la Carta Magna garantiza una serie de derechos únicos en el mundo: elección libre de profesión, ganarse la vida con un sueldo y unas condiciones laborales dignas.

Una mujer y un hombre deben tener el mismo sueldo en el mismo tipo de trabajo: la igualdad salarial es un derecho claramente promovido por nuestra Constitución.

> *2. La ley regulará un estatuto de los trabajadores.*

Existe un texto legal, el Estatuto de los Trabajadores, que regula las condiciones de trabajo de todos los ciudadanos en España, especificando las jornadas de cada trabajo, las horas extraordinarias, el cumplimiento de las órdenes del empresario, los periodos de descanso, las vacaciones, las negociaciones salariales, el cumplimiento de las obligaciones laborales, las condiciones de cada huelga, la seguridad laboral, la participación del trabajador en la empresa, las condiciones del despido, etcétera.

Artículo 36
LOS COLEGIOS PROFESIONALES.

> *La ley regulará las peculiaridades propias del régimen jurídico de los Colegios Profesionales y el ejercicio de las profesiones tituladas. La estructura interna y el funcionamiento de los Colegios deberán ser democráticos.*

Hay una legislación para que determinadas profesiones con titulaciones estén colegiadas, de manera que los derechos y los deberes para cada profesión titulada queden especificados por su propio colegio profesional. Este Artículo trata de hacer constitucionalmente una distinción con respecto a las organizaciones profesionales de trabajadores que ya están reflejadas en la Carta Magna.

Artículo 37
LOS CONVENIOS Y LOS CONFLICTOS LABORALES.

> *1. La ley garantizará el derecho a la negociación colectiva laboral entre los representantes de los trabajadores y empresarios, así como la fuerza vinculante de los convenios.*

Los empresarios y los trabajadores pueden negociar y plasmar sus acuerdos documentalmente en los convenios colectivos, los cuales detallan los salarios para cada trabajo, las horas de trabajo, el periodo vacacional, etcétera.

> *2. Se reconoce el derecho de los trabajadores y empresarios a adoptar medidas de conflicto colectivo. La ley que regule el ejercicio de este derecho, sin perjuicio de las limitaciones que pueda establecer, incluirá las garantías precisas para asegurar el funcionamiento de los servicios esenciales de la comunidad.*

Cuando los trabajadores y los empresarios no se ponen de acuerdo, pueden ir a juicio o recurrir al arbitraje para llegar a un acuerdo intermedio.

Artículo 38
LA LIBERTAD DE EMPRESA, LA ECONOMÍA DE MERCADO.

> *Se reconoce la libertad de empresa en el marco de la economía de mercado. Los poderes públicos garantizan y protegen su ejercicio y la defensa de la productividad, de acuerdo con las exigencias de la economía general y, en su caso, de la planificación.*

Este es un Artículo de corte liberal donde se reconoce la libertad de empresa en un modelo económico de mercado. Forma parte de la Carta Magna porque diferentes partidos políticos lo consensuaron: todos los españoles tienen derecho a crear sus propios negocios y empresas. Por lo tanto, los grupos económicos tienen garantizado su desempeño libre según el marco económico constitucional: la economía de mercado-capitalista. Se trata de una economía que fija los recursos a través de las decisiones descentralizadoras de las empresas y los consumidores de acuerdo a cómo interactúan en los diferentes mercados de bienes y servicios de España y del resto del mundo. Es decir, el para quién, el cómo y el por qué de la economía española dependen fundamentalmente de las acciones de las empresas españolas y del comportamiento de los consumidores españoles en dicho mercado, y no de las acciones unilaterales de los gobiernos.

Capítulo tercero

Este Capítulo es una especie de ideario jurídico, mucho más que una mera declaración de intenciones; porque es la madre protectora, siempre vigilante por sus hijos los ciudadanos, por la tierra que pisan, para que no sufran ninguna agresión. Es la España de los mejores planes sociales y económicos para su población, derivándola al más justo y acertado Derecho Administrativo, Económico y Laboral.

El presente y el futuro de la sociedad española se escriben en este Capítulo. Aquí están las causas realmente patrióticas por las que España es y será una gran Nación. El proyecto de vida español está inscrito aquí. El verdadero Estado social de una España grande y libre para sus ciudadanos está reflejado en los catorce Artículos siguientes:

De los principios rectores de la política social y económica

Artículo 39
LA PROTECCIÓN A LA FAMILIA Y LA INFANCIA.

1. Los poderes públicos aseguran la protección social, económica y jurídica de la familia.

Las instituciones del Estado tienen el deber de proteger a las familias que vivan en cualquier parte del territorio nacional, porque las familias españolas son uno de los pilares fundamentales que sustentan nuestra sociedad.

2. Los poderes públicos aseguran, asimismo, la protección integral de los hijos, iguales éstos ante la ley con independencia de su filiación, y de las madres, cualquiera que sea su estado civil. La ley posibilitará la investigación de la paternidad.

Los hijos y sus madres tienen una protección especial y mayor gracias a la Carta Magna. Y los hijos, particularmente, son todos iguales dentro de una familia.

3. Los padres deben prestar asistencia de todo orden a los hijos habidos dentro o fuera del matrimonio, durante su minoría de edad y en los demás casos en que legalmente proceda.

Todos los padres están obligados a cuidar con cariño a sus hijos hasta los dieciocho años, ya sean hijos engendrados fuera y/o dentro del matrimonio con la misma o distinta mujer, de lo contrario las instituciones pertinentes retirarán la patria potestad a los padres maltratadores.

4. Los niños gozarán de la protección prevista en los acuerdos internacionales que velan por sus derechos.

Hay numerosos acuerdos internacionales que promueven la protección de los niños, especialmente los acuerdos suscritos por la ONU.

Artículo 40
LA REDISTRIBUCIÓN DE LA RENTA Y EL PLENO EMPLEO.

1. Los poderes públicos promoverán las condiciones favorables para el progreso social y económico y para una distribución de la renta regional y personal más equitativa, en el marco de una política de estabilidad económica. De manera especial realizarán una política orientada al pleno empleo.

La Constitución Española obliga al Estado a conseguir el pleno empleo: todos los españoles se merecen un trabajo, es un deber constitucional. El bienestar del país debe ser creciente y general. Hay que trabajar y repartir las riquezas según marcan nuestras leyes. Nuestra Constitución promueve que aunamos esfuerzos para que todos los españoles construyamos una España cada vez más próspera.

España debe conseguir el pleno empleo para ser realmente un Estado avanzado. Un país con millones de parados es inconstitucional y una vergüenza nacional: un español tiene derecho absoluto a trabajar y que el Estado o su Comunidad Autónoma le garantice un nuevo puesto de trabajo cuando esté parado. Porque sin trabajo no se puede mantener ni construir una gran Nación.

LA FORMACIÓN PROFESIONAL.
LA JORNADA LABORAL Y EL DESCANSO.

2. Asimismo, los poderes públicos fomentarán una política que garantice la formación y readaptación profesionales; velarán por la seguridad e higiene en el trabajo y garantizarán el descanso necesario, mediante la limitación de la jornada laboral, las vacaciones periódicas retribuidas y la promoción de centros adecuados.

El Estado debe asegurarse de que realmente un trabajador realice su trabajo con seguridad, durante las horas estipuladas legalmente, asegurando sus periodos de descanso y sus vacaciones, formándose continuamente en su profesión, etcétera.

Artículo 41
LA SEGURIDAD SOCIAL.

> *Los poderes públicos mantendrán un régimen público de Seguridad Social para todos los ciudadanos, que garantice la asistencia y prestaciones sociales suficientes ante situaciones de necesidad, especialmente en caso de desempleo. La asistencia y prestaciones complementarias serán libres.*

Este Artículo es uno de los derechos sociales más importantes reflejados en la Constitución Española, porque cualquier español siempre será atendido por la pública Seguridad Social en caso de necesidad: prestaciones por desempleo, pensiones, etcétera. La Carta Magna reivindica su carácter social y lo hace afectivo para todos los ciudadanos españoles; una gran Nación que se caracteriza por su ilimita solidaridad entre españoles y su compromiso patriótico por el bienestar general del país. Sin privatizar la Seguridad Social, los ciudadanos siempre tendrán derecho a contratar las pólizas de seguros personales que piensen que son convenientes para incrementar su bienestar.

Artículo 42
LOS EMIGRANTES.

> *El Estado velará especialmente por la salvaguardia de los derechos económicos y sociales de los trabajadores españoles en el extranjero y orientará su política hacia su retorno.*

Los españoles que trabajen en el extranjero estarán protegidos por el Estado español, especialmente a través de sus embajadas y sus consulados.

Todas las instituciones públicas españolas tienen el deber de favorecer el retorno de sus ciudadanos emigrados. La Constitución Española garantiza en cada Artículo que España es el mejor país del mundo para vivir y prosperar; una aplicación estricta de los textos constitucionales hace que esta Nación sea modélica para el resto de los países. Un español emigrante es sinónimo de retorno a la Patria misma: nos sentimos orgullosos de ser españoles fuera de nuestro país, a miles de kilómetros de distancia, porque las causas para emigrar nada tienen que ver con la sentida y patriótica identidad española. «¡Viva España!». Luego un español siempre debe emigrar para acabar volviendo a su tierra natal en cuerpo, cenizas o alma.

Artículo 43
LA PROTECCIÓN A LA SALUD.

> *1. Se reconoce el derecho a la protección de la salud.*

El derecho a proteger la salud de todos los españoles es un derecho propio y característico de nuestro Estado social. La Constitución Española nos garantiza la asistencia sanitaria y las prestaciones dadas por nuestra pública Seguridad Social. Es decir, el Estado garantiza la atención sanitaria a todos sus ciudadanos, incluidos los inmigrantes ilegales y los extranjeros enfermos que supongan una amenaza de contagio inminente. El auxilio inmediato a los enfermos graves es una obligación constitucional para los centros sanitarios públicos y privados en todo el territorio nacional.

> *2. Compete a los poderes públicos organizar y tutelar la salud pública a través de medidas preventivas y de las prestaciones y servicios necesarios. La ley establecerá los derechos y deberes de todos al respecto.*

Las instituciones del Estado mantendrán la buena salud de sus ciudadanos a través de campañas de prevención y de otros servicios sanitarios.

EL FOMENTO DEL DEPORTE.

> *3. Los poderes públicos fomentarán la educación sanitaria, la educación física y el deporte. Asimismo facilitarán la adecuada utilización del ocio.*

Artículo 44
EL ACCESO A LA CULTURA.

> *1. Los poderes públicos promoverán y tutelarán el acceso a la cultura, a la que todos tienen derecho.*

Los españoles tienen derecho a culturizarse con el apoyo de todas las instituciones del Estado. Promover la cultura de España es fundamental para su progreso como gran Nación. La cultura española fundamenta la Patria. Los españoles tenemos una cultura propia y singular, concreta e inequívoca para todo el conjunto de sus Comunidades Autónomas, sus provincias, sus ciudades, sus barrios, sus pueblos, sus urbanizaciones, sus aldeas, etcétera. Ser español ya es una cultura propia, un estado de conocimiento nacional a perpetuidad que debe inculcarse obligatoriamente a las generaciones presentes y futuras. Es un deber constitucional saber por qué somos y por qué nos sentimos todos culturalmente españoles. Hay que vivir la españolidad por derecho propio y con conocimiento de causa cultural. Porque la cultura española nos da carta de naturaleza para sentirnos orgullosos de nuestro país y así protegerlo con razón y espíritu patriótico. Nuestros mejores representantes de la cultura española son nuestros escritores, actores, cineastas, cantantes, científicos, periodistas, etcétera. Por lo tanto, proteger la cultura española es de obligado cumplimiento para todos los poderes del Estado.

> *2. Los poderes públicos promoverán la ciencia y la investigación científica y técnica en beneficio del interés general.*

El desarrollo científico es fundamental para el progreso socioeconómico de España. La Carta Magna apuesta por la investigación científica y su aplicación práctica en beneficio de la Nación. Los investigadores científicos españoles tienen derecho a realizar su trabajo en territorio nacional con todos los medios pertinentes y el apoyo de las instituciones públicas.

Artículo 45
EL MEDIO AMBIENTE.

> *1. Todos tienen el derecho a disfrutar de un medio ambiente adecuado para el desarrollo de la persona, así como el deber de conservarlo.*

Los españoles debemos amar la tierra que pisamos, disfrutando de los espacios naturales que hay en todo el territorio nacional. Es una obligación constitucional el cuidado de la naturaleza española, de sus tierras, sus mares, sus ríos y hasta su aire que respiramos segundo a segundo.

LA CALIDAD DE VIDA.

> *2. Los poderes públicos velarán por la utilización racional de todos los recursos naturales, con el fin de proteger y mejorar la calidad de la vida y defender y restaurar el medio ambiente, apoyándose en la indispensable solidaridad colectiva.*

Todas las instituciones del Estado están obligadas a proteger el medio ambiente, utilizando los recursos naturales de manera eficiente y en beneficio de la Nación, sin contaminar y regenerando el espacio natural que sea dañado por inundaciones, incendios forestales, vertidos ilegales, etcétera.

> 3. *Para quienes violen lo dispuesto en el apartado anterior, en los términos que la ley fije se establecerán sanciones penales o, en su caso, administrativas, así como la obligación de reparar el daño causado.*

Los poderes del Estado, a nivel nacional, autonómico, provincial y/o municipal, según sean las competencias en materia medioambiental, castigarán con dureza ejemplar a quienes dañen la naturaleza española. La Patria está viva en sus ciudadanos y en los paisajes que nos caracterizan como Nación. Es un deber patriótico la defensa a ultranza de nuestros espacios naturales, urbanos o rurales, porque concretan visualmente la geografía española.

Artículo 46
LA CONSERVACIÓN DEL PATRIMONIO ARTÍSTICO.

> *Los poderes públicos garantizarán la conservación y promoverán el enriquecimiento del patrimonio histórico, cultural y artístico de los pueblos de España y de los bienes que lo integran, cualquiera que sea su régimen jurídico y su titularidad. La ley penal sancionará los atentados contra este patrimonio.*

El Estado velará por la protección total del patrimonio histórico y artístico de la Nación española. Particularmente, la máxima protección recae en nuestro legado identitario puramente ibérico y españolista, en un patrimonio que hizo y hace que España sea un referente histórico y artístico a nivel mundial. Así, la Constitución Española protege a conciencia su gran legado identitario de periodos concretos: la Edad del Hierro, del Bronce, del Cobre y del Neolítico; la Antigüedad hispana (bizantinos, visigodos, romanos, turdetanos, cartagineses, tartesios, fenicios, griegos, íberos, etcétera), el Románico hispánico, el Gótico hispánico, el Barroco español, el Neoclasicismo español y el Romanticismo español.

Todo lo extranjero y culturalmente invasivo (como el breve periodo islámico en la península ibérica) acabó adoptando las formas originarias de la incipiente Nación española. España solo es patrimonialmente heredera de Occidente. Los restos culturales de sociedades invasivas como los vándalos, los musulmanes y los bárbaros fueron adaptados de manera temporal a nuestras particularidades identitarias que hoy continúan siendo inviolables e incorruptibles. Luego tenemos el deber constitucional de preservar principalmente el patrimonio que nos define como Nación española.

Artículo 47
EL DERECHO A LA VIVIENDA.
LA UTILIZACIÓN DEL SUELO.

> *Todos los españoles tienen derecho a disfrutar de una vivienda digna y adecuada. Los poderes públicos promoverán las condiciones necesarias y establecerán las normas pertinentes para hacer efectivo este derecho, regulando la utilización del suelo de acuerdo con el interés general para impedir la especulación.*
>
> *La comunidad participará en las plusvalías que genere la acción urbanística de los entes públicos.*

Tener una vivienda es un derecho particular de nuestro Estado social: cada español debe vivir en una vivienda habitable, es decir, que tenga agua corriente, electricidad, gas, teléfono, etcétera. Y las instituciones públicas harán todo lo posible para que sus ciudadanos tengan viviendas dignas; la especulación inmobiliaria nunca debe menoscabar este derecho al hogar que tenemos todos los españoles.

Artículo 48
LA PARTICIPACIÓN DE LA JUVENTUD.

> *Los poderes públicos promoverán las condiciones para la participación libre y eficaz de la juventud en el desarrollo político, social, económico y cultural.*

A largo plazo, el futuro del Estado siempre estará en manos de los jóvenes españoles de hoy. La Nación se construye cuidando, respetando y educando a los jóvenes, alejándolos de la delincuencia, el alcoholismo, la drogadicción, la mediocridad, la ignorancia, la falta de pensamiento crítico, etcétera. Nuestra Patria se hace alentando a los jóvenes para que se enorgullezcan de su propio país. Los más jóvenes deben participar en todo aquello que les permita la ley, sin son menores de edad, porque en la sociedad española también deciden los adolescentes en sus colegios e institutos; y los jóvenes que son recientemente mayores de edad, porque han cumplido los dieciocho años, deben ser conscientes del país que en los próximos años dirigirán con sus empleos, decisiones, votaciones, pagos de impuestos, etcétera. Las instituciones públicas pondrán todos los medios para publicitar la responsabilidad presente y futura que supone haber nacido en España. Nuestros jóvenes deben saber la gran oportunidad que implica ser español: no hay mayor Patria cargada de Historia que la nuestra, porque somos el bastión de Occidente. Porque los jóvenes españoles siempre han participado en la vida pública de su tierra desde hace siglos.

Artículo 49
LA ATENCIÓN A LOS DISCAPACITADOS.

> *Los poderes públicos realizarán una política de previsión, tratamiento, rehabilitación e integración de los disminuidos físicos, sensoriales y psíquicos, a los que prestarán la atención especializada que requieran y los ampararán especialmente para el disfrute de los derechos que este Título otorga a todos los ciudadanos.*

Un discapacitado tendrá siempre todas las instituciones del Estado español a su entera disposición, así como el respeto y la admiración del resto de los ciudadanos españoles. Sean cuales sean las discapacidades de una persona, ningún ciudadano discapacitado sobra en nuestro país. España la hacemos todos; la Nación son sus discapacitados mentales, sus sordos, sus ciegos, sus mudos, sus amputados, sus tetrapléjicos y quienes no lo son. Porque nadie es enteramente discapacitado; toda persona, con cualquier grado de discapacidad, siempre aporta algo a su Patria, aunque solo sea su presencia. La Constitución Española no excluye a ningún ciudadano en España. Los españoles como personas somos el mejor patrimonio viviente de nuestro país. No habrá trabajos especiales para los discapacitados, sino trabajos adaptados a sus capacidades más o menos limitadas; una sociedad avanzada debe desvivirse por lograr el bienestar y la autonomía personal de cada discapacitado español.

Artículo 50
LA TERCERA EDAD.

> *Los poderes públicos garantizarán, mediante pensiones adecuadas y periódicamente actualizadas, la suficiencia económica a los ciudadanos durante la tercera edad. Asimismo, y con independencia de las obligaciones familiares, promoverán su bienestar mediante un sistema de servicios sociales que atenderán sus problemas específicos de salud, vivienda, cultura y ocio.*

Todo español, cumplidos los sesenta y siete años, tiene derecho a que el Estado le pague una pensión y le preste los servicios sociales necesarios para tener una vejez con las mejores condiciones de bienestar.

Las personas mayores son la prueba viviente de que la Constitución Española es la mejor garantía para tener una vida longeva. Nos hacemos mayores gracias a la protección que nos da la aplicación efectiva de los Artículos constitucionales. Gracias a la Carta Magna, podemos vivir plenamente en España y envejecer en ella hasta morir dignamente. La gran Nación española es un paraíso democrático donde las personas pueden envejecer sin temor a quedar desamparadas.

La presencia y la sabiduría de nuestros mayores sí hacen Patria y memoria de todo cuanto se ha construido para llegar a ser lo que somos: España como la Nación para todas las edades.

Artículo 51
LA DEFENSA DE LOS CONSUMIDORES.

1. Los poderes públicos garantizarán la defensa de los consumidores y usuarios, protegiendo, mediante procedimientos eficaces, la seguridad, la salud y los legítimos intereses económicos de los mismos.

Las instituciones públicas del Estado vigilarán que la venta de productos y servicios se haga correctamente; los consumidores nunca deben ser engañados por las empresas, de lo contrario el imperio de la Ley actuará en consecuencia.

2. Los poderes públicos promoverán la información y la educación de los consumidores y usuarios, fomentarán sus organizaciones y oirán a éstas en las cuestiones que puedan afectar a aquéllos, en los términos que la ley establezca.

3. En el marco de lo dispuesto por los apartados anteriores, la ley regulará el comercio interior y el régimen de autorización de productos comerciales.

Artículo 52
LAS ORGANIZACIONES PROFESIONALES.

La ley regulará las organizaciones profesionales que contribuyan a la defensa de los intereses económicos que les sean propios. Su estructura interna y funcionamiento deberán ser democráticos.

Se hace una defensa constitucional de las organizaciones profesionales. Porque uno de los valores superiores de la Carta Magna es el pluralismo social, y expresamente el pluralismo profesional que garantiza regular legalmente las organizaciones profesionales defensoras de sus propios intereses.

Los españoles con la misma profesión pueden agruparse de manera democrática para defender los intereses económicos de su sector profesional, y así presionar con más eficacia. Pero deben hacerlo sin perjudicar al resto del país.

Este Artículo se refiere a las organizaciones profesionales que no son ni asociaciones empresariales ni sindicatos ni colegios profesionales; se trata de organizaciones como la Cámara de Comercio de una provincia, una Comunidad de regantes de una región, etcétera.

Capítulo cuarto

De las garantías de las libertades y derechos fundamentales

Artículo 53
LA TUTELA DE LIBERTADES Y DERECHOS.

> 1. *Los derechos y libertades reconocidos en el Capítulo segundo del presente Título vinculan a todos los poderes públicos. Sólo por ley, que en todo caso deberá respetar su contenido esencial, podrá regularse el ejercicio de tales derechos y libertades, que se tutelarán de acuerdo con lo previsto en el Artículo 161.1 a).*

Las instituciones del Estado tienen el deber de respetar las libertades y los derechos de los españoles tal y como determina la Carta Magna. Y, además de la Constitución Española, hay otras leyes que especifican con todo detalle cuáles son los derechos y las libertades de los ciudadanos españoles.

EL RECURSO DE AMPARO.

> 2. *Cualquier ciudadano podrá recabar la tutela de las libertades y derechos reconocidos en el Artículo 14 y la Sección 1ª del Capítulo segundo ante los Tribunales ordinarios por un procedimiento basado en los principios de preferencia y sumariedad y, en su caso, a través del recurso de amparo ante el Tribunal Constitucional. Este último recurso será aplicable a la objeción de conciencia reconocida en el Artículo 30.*

Junto a la vía judicial ordinaria para la protección de los derechos individuales, existe la vía de protección jurisdiccional extraordinaria para pedir la tutela de los derechos constitucionales vulnerados: los

Tribunales de Justicia competentes para efectuar un procedimiento preferente y sumario. Incluso, llegado el caso de solicitar una extrema protección de los derechos individuales, se podrá interponer un recurso de amparo ante el Tribunal Constitucional. Es decir, si un ciudadano español piensa que sus libertades o sus derechos han sido vulnerados por las instituciones públicas, podrá solicitar la protección de los Jueces e incluso del Tribunal Constitucional en determinados casos. Los juicios serán urgentes, rápidos y comúnmente mediáticos.

> *3. El reconocimiento, el respeto y la protección de los principios reconocidos en el Capítulo tercero, informará la legislación positiva, la práctica judicial y la actuación de los poderes públicos. Sólo podrán ser alegados ante la Jurisdicción ordinaria de acuerdo con lo que dispongan las leyes que los desarrollen.*

La protección de los derechos de la política económica y social de España se recoge en las leyes que derivan de la Carta Magna. Así, los españoles podrán reclamar sus derechos constitucionales según los límites marcados por el imperio de la Ley.

Artículo 54
EL DEFENSOR DEL PUEBLO.

> *Una ley orgánica regulará la institución del Defensor del Pueblo, como alto comisionado de las Cortes Generales, designado por éstas para la defensa de los derechos comprendidos en este Título, a cuyo efecto podrá supervisar la actividad de la Administración, dando cuenta a las Cortes Generales.*

Además de la tutela judicial para la protección de los derechos individuales, la ciudadanía española dispone del Defensor del Pueblo como garantía política o parlamentaria de dichos derechos. El Defensor del Pueblo siempre está vigilando el buen funcionamiento de las instituciones del Estado, y también gestiona las quejas recibidas por los españoles a título individual o colectivo; incluso recrimina a los Senadores y a los Diputados en caso de que alguno le falte el respeto a los ciudadanos. Porque el Defensor del Pueblo actúa de manera independiente de los Tribunales ordinarios y del Tribunal Constitucional. Aunque el Defensor del Pueblo no podrá tomar decisiones judiciales, sí visibiliza a nivel de Estado la defensa a ultranza de los derechos y los deberes fundamentales en España.

Capítulo quinto

De la suspensión de los derechos y libertades

Artículo 55
LA SUSPENSIÓN DE LOS DERECHOS Y LAS LIBERTADES.

> 1. Los derechos reconocidos en los Artículos 17, 18, apartados 2 y 3, Artículos 19, 20, apartados 1 a) y d), y 5, Artículos 21, 28, apartado 2, y Artículo 37, apartado 2, podrán ser suspendidos cuando se acuerde la declaración del estado de excepción o de sitio en los términos previstos en la Constitución. Se exceptúa de lo establecido anteriormente el apartado 3 del Artículo 17 para el supuesto de declaración de estado de excepción.

> 2. Una ley orgánica podrá determinar la forma y los casos en los que, de forma individual y con la necesaria intervención judicial y el adecuado control parlamentario, los derechos reconocidos en los Artículos 17, apartado 2, y 18, apartados 2 y 3, pueden ser suspendidos para personas determinadas, en relación con las investigaciones correspondientes a la actuación de bandas armadas o elementos terroristas.
> La utilización injustificada o abusiva de las facultades reconocidas en dicha ley orgánica producirá responsabilidad penal, como violación de los derechos y libertades reconocidos por las leyes.

En casos graves que afectan a la estabilidad o la seguridad del Estado español, los poderes institucionales pueden anular temporalmente algunos derechos para evitar que dichos casos empeoren. Las manifestaciones callejeras e institucionales separatistas o independentistas radicalizadas con actos terroristas, tras una desobediencia constitucional en las instituciones catalanas y/o vascas, podrían prohibirse de manera contundente para garantizar la unidad de la Nación; el derecho de expresión de catalanes y/o vascos podría quedar temporalmente suspendido cuando no acataran ni legitimaran la Constitución Española democráticamente aceptada por la inmensa mayoría de los españoles, porque se consideraría terrorismo institucional, traición a la Corona y deslealtad constitucional.

En definitiva, una guerra con otro país como Marruecos, unas grandes catástrofes naturales, unos brutales atentados terroristas yihadistas, una grave crisis territorial producida por el independentismo catalán, etcétera, son situaciones que obligarían legalmente a las instituciones y poderes del Estado español a suspender determinados derechos y libertades para proteger el buen futuro de todos los españoles. Incluso habría situaciones excepcionales en las que las Fuerzas Armadas españolas y las Fuerzas y Cuerpos de Seguridad del Estado suspenderían radicalmente muchos derechos y libertades para salvaguardar la Patria.

Título II

De la Corona

Este Título II regula los elementos básicos que se refieren a la Corona en España, situándola en lo más alto del Estado como institución moderadora y arbitral. Porque España es una Monarquía parlamentaria, y Su Majestad el Rey don Felipe VI es el máximo representante de nuestro país: el Rey es el Jefe del Estado español.

El Rey en España no necesita gobernar, porque tiene otras funciones: la representación de España en otros países, la función de árbitro para la resolución de conflictos graves en las instituciones del Estado, etcétera. Se encarga de las cuestiones trascendentales de España, dejando las acciones políticas al cargo del Presidente del Gobierno y los Ministros.

La Constitución Española presente fue aprobada por las Cortes Generales el 31 de octubre de 1978 cuando el Rey Juan Carlos I era el Rey de España. Hoy el Rey de España es Su Majestad el Rey don Felipe VI, y en el futuro próximo su hija, Su Alteza Real la Princesa de Asturias, doña Leonor de Borbón y Ortiz, será la Jefa del Estado: la futura Reina Leonor. Y así se perpetuará la Monarquía parlamentaria en nuestro país, salvaguarda de reyes y reinos católicos a perpetuidad. En cada momento de España, nuestro Rey es la máxima representación de la Patria, el padre protector de la gran Nación española. «¡Viva el Rey!».

La minoritaria deriva republicana en España se debe a la inmadurez política de unos pocos ciudadanos seudoespañoles y antipatrióticos; la obsesión republicana es propia de facinerosos y politicuchos: los podemitas, los comunistas y los rojos de siempre. Quienes presumen de ser republicanos en nuestra Monarquía parlamentaria son una amenaza constante para la Corona, luego deberán ser vigilados por el imperio de la Ley. Por mandato constitucional, la Naturaleza Real de nuestra Patria es inequívoca e indiscutible. La Constitución Española es hoy la razón de nuestros reinados sucesivos: el origen verdadero de nuestra Patria tiene Sangre Real. Luego es inconstitucional cualquier amenaza republicana, y las manifestaciones antimonárquicas son una agresión a la buena imagen de la Corona. Nuestras libertades se cobijan bajo el manto protector de la Monarquía parlamentaria; el Rey nos defiende del pensamiento únicamente republicano que anhela desmembrar el país. Los republicanos no hacen más patrias que sus odios, sus rencores históricos y sus beneficios materiales; son personas resentidas por una historia en minúscula y manipulada, son los eternos perdedores acomplejados por su falta de expectativa histórica; son los rojos que nunca tendrán el apoyo mayoritario de la gran Nación española.

Su Majestad el Rey don Felipe VI representa hoy lo mejor del Poder Real: el fortalecimiento de la imagen de España a través de la Historia. La causa borbónica a lo largo de los siglos ha supuesto un incremento de la eficacia burocrática del Estado español.

España ha ido uniformizándose como Patria en torno a las Comunidades Autónomas, reforzando así las instituciones del Estado español. La idea de España está más centralizada que nunca, confiando por fin en el reparto autonómico de la Administración Pública. Por lo tanto, la causa borbónica ha logrado reforzar nuestro Estado. El país se administra cada vez más con mayor eficacia y precisión. La Corona en España ha supuesto la mejora, siglo tras siglo, de nuestra organización administrativa y política, dejando atrás definitivamente al Antiguo Régimen.

Hoy Su Majestad el Rey don Felipe VI hace grande a España: el Rey, "Él", es democracia y Patria. «¡Viva el Rey!».

Artículo 56
EL REY DE ESPAÑA.

> *1. El Rey es el Jefe del Estado, símbolo de su unidad y permanencia, arbitra y modera el funcionamiento regular de las instituciones, asume la más alta representación del Estado español en las relaciones internacionales, especialmente con las naciones de su comunidad histórica, y ejerce las funciones que le atribuyen expresamente la Constitución y las leyes.*

El Rey de España, Su Majestad el Rey don Felipe VI, es la personificación misma de la Corona, es el mayor símbolo patrio de la unidad española y la presencia perpetua de la Monarquía parlamentaria en todo el territorio nacional. El Rey tiene una función arbitral y moderadora para el buen funcionamiento de todas las instituciones del Estado. Gracias a su labor, la gravísima situación política vivida en Cataluña en 2017 con un desafío secesionista o independentista fue amonestada a través de un Discurso Real televisado, cuyo discurso fue positivamente valorado por la mayoría de la ciudadanía española, evitando que las deslealtades de algunas instituciones catalanas dañaran el buen funcionamiento del Estado de Derecho en España. Y así, el Rey, por tanta responsabilidad institucional que tiene, es la cabeza simbólica del Poder Ejecutivo. De esta manera, sin decantarse por ningún partido político ni actuar legislativa ni ejecutiva ni judicialmente, el Rey de España sí velará siempre por el correcto funcionamiento de todos los poderes del Estado.

El Rey es la máxima representación del Estado español a nivel internacional, teniendo una consideración especial con los países que históricamente fueron súbditos del Reino de España, porque los países hispanoamericanos de hoy hablan español y comparten nuestro modo de vida porque fuimos capaces de conquistarlos, someterlos, mestizarlos y reeducarlos con los valores de la civilización occidental. Todas nuestras gestas y el mismo poderío español ejercido durante siglos en gran parte de América se debieron a la Corona de España que hoy es la más antigua de Occidente, la que actuó con más decisión y entereza para que actualmente la lengua española sea el mayor vínculo de unión entre millones de hispanohablantes de diferentes países del mundo.

> *2. Su título es el de Rey de España y podrá utilizar los demás que correspondan a la Corona.*

Además de Rey de España, Su Majestad el Rey don Felipe VI es Rey de Navarra, de Aragón, de Mallorca, de Galicia, de Valencia, de Gibraltar, de las Islas Canarias, etcétera; también tiene Títulos como Conde de Barcelona, Señor de Vizcaya, etcétera. Luego reina legítimamente sobre catalanes, vascos y demás ciudadanos de España.

> *3. La persona del Rey es inviolable y no está sujeta a responsabilidad. Sus actos estarán siempre refrendados en la forma establecida en el Artículo 64, careciendo de validez sin dicho refrendo, salvo lo dispuesto en el Artículo 65.2.*

Nada ni nadie pueden detener al Rey de España, ni llevarle ante un Juez: el Rey no puede ser juzgado ni sentenciado. Porque la inviolabilidad de la persona del Rey se sustenta en su naturaleza justa y honorable. No existe tacha institucional en la figura del Rey; como persona y monarca aúna todos los valores democráticos puestos en práctica de manera efectiva: el Rey jamás comete errores de Estado. Porque el Rey no actúa por decisión política, "Él" no es responsable de las actuaciones del Gobierno de turno con una u otra orientación política; "Él" es Rey por y para una España que decide las cuestiones políticas elegidas democráticamente y la puesta en práctica de las mismas. Luego el Rey siempre respetará y aplicará las decisiones de las instituciones del Estado español; así, no existe una persona más justa que nuestro Rey. Todos sus actos están refrendados por la soberanía nacional española. "Él" es una Garantía Real de Unidad Nacional como pueblo: el Rey de España es Patria con todos sus actos inequívocos. «¡Viva el Rey!».

Artículo 57
LA SUCESIÓN EN LA CORONA.

1. La Corona de España es hereditaria en los sucesores de S. M. Don Juan Carlos I de Borbón, legítimo heredero de la dinastía histórica. La sucesión en el trono seguirá el orden regular de primogenitura y representación, siendo preferida siempre la línea anterior a las posteriores; en la misma línea, el grado más próximo al más remoto; en el mismo grado, el varón a la mujer, y en el mismo sexo, la persona de más edad a la de menos.

LA PRINCESA DE ASTURIAS.

2. El Príncipe heredero, desde su nacimiento o desde que se produzca el hecho que origine el llamamiento, tendrá la dignidad de Príncipe de Asturias y los demás títulos vinculados tradicionalmente al sucesor de la Corona de España.

La sucesora de Su Majestad el Rey don Felipe VI es Su Alteza Real la Princesa de Asturias, doña Leonor de Borbón y Ortiz, la futura Reina Leonor.

3. Extinguidas todas las líneas llamadas en Derecho, las Cortes Generales proveerán a la sucesión en la Corona en la forma que más convenga a los intereses de España.

4. Aquellas personas que teniendo derecho a la sucesión en el trono contrajeran matrimonio contra la expresa prohibición del Rey y de las Cortes Generales, quedarán excluidas en la sucesión a la Corona por sí y sus descendientes.

La sucesora del Rey de España deberá casarse con la aceptación de Su Majestad el Rey don Felipe VI, los Diputados y los Senadores. Y se recomendará indirectamente que el consorte de la Reina tenga nacionalidad española y sea un auténtico y fervoroso monárquico.

5. Las abdicaciones y renuncias y cualquier duda de hecho o de derecho que ocurra en el orden de sucesión a la Corona se resolverán por una ley orgánica.

Artículo 58
LA REINA DE ESPAÑA.

> *La Reina consorte o el consorte de la Reina no podrán asumir funciones constitucionales, salvo lo dispuesto para la Regencia.*

La Reina consorte, Su Majestad la Reina, doña Letizia Ortiz Rocasolano, solo tendrá funciones constitucionales en el improbable e hipotético caso de que falleciera Su Majestad el Rey don Felipe VI antes de que la Princesa de Asturias cumpliera los dieciocho años. Pero el futuro inmediato y próximo solo augura un largo y próspero reinado para nuestro actual Jefe del Estado Su Majestad el Rey don Felipe VI. Luego este Artículo es prácticamente imposible que se ponga en práctica durante todo este siglo XXI. Mientras Felipe VI reine en España, la Reina doña Letizia podrá representar a nuestro país en determinados viajes internacionales, presidir patronatos u organizar actos y ceremonias.

Artículo 59
LA REGENCIA.

> *1. Cuando el Rey fuere menor de edad, el padre o la madre del Rey y, en su defecto, el pariente mayor de edad más próximo a suceder en la Corona, según el orden establecido en la Constitución, entrará a ejercer inmediatamente la Regencia y la ejercerá durante el tiempo de la minoría de edad del Rey.*

Si la Reina tuviera menos de dieciocho años, tendrá el deber constitucional de esperar hasta la mayoría de edad para ser efectivamente Reina de España. Mientras tanto, su madre sería la Regenta.

> *2. Si el Rey se inhabilitare para el ejercicio de su autoridad y la imposibilidad fuere reconocida por las Cortes Generales, entrará a ejercer inmediatamente la Regencia el Príncipe heredero de la Corona, si fuere mayor de edad. Si no lo fuere, se procederá de la manera prevista en el apartado anterior, hasta que el Príncipe heredero alcance la mayoría de edad.*

En el improbable caso de que Su Majestad el Rey don Felipe VI no pudiera reinar a causa de una enfermedad muy grave, la Princesa de Asturias teniendo mayoría de edad se convertiría en la Regenta. Dicha regencia sería temporal en función de los acontecimientos: abdicación del Rey, fallecimiento repentino del Rey, etcétera.

> **3. Si no hubiere ninguna persona a quien corresponda la Regencia, ésta será nombrada por las Cortes Generales, y se compondrá de una, tres o cinco personas.**

La numeración impar evita que se produzcan empates en las decisiones que puedan tomar los miembros de la Regencia.

> **4. Para ejercer la Regencia es preciso ser español y mayor de edad.**

> **5. La Regencia se ejercerá por mandato constitucional y siempre en nombre del Rey.**

No es posible un Regente sin Rey en España, a no ser que se extinguieran todas las líneas de descendencia.

Artículo 60
LA TUTELA DEL REY DE ESPAÑA.

> **1. Será tutor del Rey menor la persona que en su testamento hubiese nombrado el Rey difunto, siempre que sea mayor de edad y español de nacimiento; si no lo hubiese nombrado, será tutor el padre o la madre, mientras permanezcan viudos. En su defecto, lo nombrarán las Cortes Generales, pero no podrán acumularse los cargos de Regente y de tutor sino en el padre, madre o ascendientes directos del Rey.**

Este Artículo impide que la tutela sirva al tutor del Rey para acumular poder. También se evita que dicho tutor pueda condicionar la educación del futuro Rey de España.

> **2. El ejercicio de la tutela es también incompatible con el de todo cargo o representación política.**

Artículo 61
LA PROCLAMACIÓN DEL REY DE ESPAÑA.

> **1. El Rey, al ser proclamado ante las Cortes Generales, prestará juramento de desempeñar fielmente sus funciones, guardar y hacer guardar la Constitución y las leyes y respetar los derechos de los ciudadanos y de las Comunidades Autónomas.**

El Rey de España siempre ha jurado ante los Diputados y los Senadores que cumplirá fielmente con su trabajo como Jefe del Estado, que respetará la Constitución Española y las demás leyes, y que respetará los derechos de todos los españoles en cualquier parte del territorio nacional. Luego la Monarquía parlamentaria es el mayor símbolo patrio que une a todos los pueblos de España. «¡Viva el Rey!».

2. *El Príncipe heredero, al alcanzar la mayoría de edad, y el Regente o Regentes al hacerse cargo de sus funciones, prestarán el mismo juramento, así como el de fidelidad al Rey.*

La Princesa de Asturias, heredera del Reino de España, hará el mismo juramento al cumplir los dieciocho años. Y la también futura Reina Leonor jurará fidelidad a Su Majestad el Rey don Felipe VI.

Artículo 62
LAS FUNCIONES DEL REY DE ESPAÑA.

Corresponde al Rey:
a) Sancionar y promulgar las leyes.
b) Convocar y disolver las Cortes Generales y convocar elecciones en los términos previstos en la Constitución.
c) Convocar a referéndum en los casos previstos en la Constitución.
d) Proponer el candidato a Presidente de Gobierno y, en su caso, nombrarlo, así como poner fin a sus funciones en los términos previstos en la Constitución.
e) Nombrar y separar a los miembros del Gobierno, a propuesta de su Presidente.
f) Expedir los decretos acordados en el Consejo de Ministros, conferir los empleos civiles y militares y conceder honores y distinciones con arreglo a las leyes.
g) Ser informado de los asuntos de Estado y presidir, a estos efectos, las sesiones del Consejo de Ministros, cuando lo estime oportuno, a petición del Presidente del Gobierno.
h) El mando supremo de las Fuerzas Armadas.
i) Ejercer el derecho de gracia con arreglo a la ley, que no podrá autorizar indultos generales.
j) El Alto Patronazgo de las Reales Academias.

El trabajo del Rey de España es arduo y complejo, pero siempre gratificante para la Corona y realmente agradecido por la mayoría de los españoles. Dicho trabajo consiste en firmar las leyes, convocar elecciones propuestas por el Presidente del Gobierno, cerrar las Cortes Generales para realizar unas nuevas elecciones, despedir o nombrar al Presidente del Gobierno, conceder premios y medallas, recibir todas las informaciones sobre las decisiones importantes del Gobierno, actuar como el máximo Jefe de las Fuerzas Armadas que es, perdonar determinados delitos a un presidiario que justamente lo merezca, ser la máxima representación de la Real Academia Española, etcétera. Por lo tanto, Felipe VI reina en toda España y a la vez no gobierna el país; de la Corona emanan muchos poderes, pero el Rey no puede hacer uso personal ni individual de ellos. Todos los poderes del Rey de España están hoy democratizados y supeditados a la soberanía nacional española; la Corona está absolutamente institucionalizada y comprometida con España. Hoy el Rey, de manera clara y efectiva, reina para su pueblo; la figura real y "Real" de Su Majestad el Rey don Felipe VI en España ya hace Patria con su sola presencia. «¡Viva el Rey!».

Artículo 63
LA ACREDITACIÓN DE EMBAJADORES.

1. El Rey acredita a los embajadores y otros representantes diplomáticos. Los representantes extranjeros en España están acreditados ante él.

Todos los embajadores españoles en países extranjeros deben presentarse al Rey de España. Y el Rey expedirá las cartas credenciales de los embajadores de España para que puedan presentarse ante otros Jefes de Estado.

2. Al Rey corresponde manifestar el consentimiento del Estado para obligarse internacionalmente por medio de tratados, de conformidad con la Constitución y las leyes.

Según los límites de las leyes españolas, el Rey podrá firmar acuerdos con otros países que beneficien a España tras haberse ratificado previamente por las Cortes Generales dichos acuerdos.
LA DECLARACIÓN DE GUERRA.

3. Al Rey corresponde, previa autorización de las Cortes Generales, declarar la guerra y hacer la paz.

Tras la autorización de las Cortes Generales, el Rey de España puede declarar la guerra a otro país que nos haya agredido o que suponga una inminente y gravísima amenaza para toda nuestra Nación: una invasión del Ejército marroquí a Ceuta y/o Melilla, un ataque nuclear de Corea del Norte a las potencias occidentales, etcétera.

Artículo 64
EL REFRENDO DE LOS ACTOS DEL REY DE ESPAÑA.

1. Los actos del Rey serán refrendados por el Presidente del Gobierno y, en su caso, por los Ministros competentes. La propuesta y el nom-

bramiento del Presidente del Gobierno, y la disolución prevista en el Artículo 99, serán refrendados por el Presidente del Congreso.

Los trabajos del Rey de España serán corroborados y firmados por el Presidente del Gobierno o los Ministros, según sea pertinente, siendo ellos responsables a su vez de dichas actuaciones del propio Rey.

2. De los actos del Rey serán responsables las personas que los refrenden.

Artículo 65
LA CASA DE SU MAJESTAD EL REY.

1. El Rey recibe de los Presupuestos del Estado una cantidad global para el sostenimiento de su Familia y Casa, y distribuye libremente la misma.

El Rey de España debe recibir dinero de las instituciones del Estado español para poder trabajar como Jefe del Estado y para mantener dignamente a la Familia Real. La Corona debe cubrir todas sus Necesidades Reales con dinero, bienes y servicios como cualquier otra familia española. Los presupuestos monetarios para el mantenimiento de la Casa del Rey nunca son altos ni excesivos, a pesar de la importancia capital de Su Majestad el Rey don Felipe VI: nuestro Rey ya hace Historia de España de manera presente. La Familia Real actual se caracteriza por su austeridad y su desprendido trabajo por la Patria. El esfuerzo de la Casa del Rey por engrandecer aún más nuestra Nación, no tendría nunca un presupuesto económico que lo superase comparativamente: el valor incalculable de la Casa del Rey son sus Reyes, su Princesa y su Infanta. Ellos son Patrimonio Vivo y Real necesitado de un presupuesto económico patriótico, apelando a la responsabilidad histórica que los españoles tenemos con nuestros monarcas: la ciudadanía española debe ser generosa con la gran Familia Real que acoge en su seno la identidad nacional de nuestra Patria a perpetuidad.

También es necesario que los españoles contribuyan con sus impuestos al mantenimiento del Patrimonio Nacional y demás servicios que se prestan en las residencias privadas de la Familia Real como el Palacio de Marivent en Mallorca, de los lugares que debe utilizar por trabajo y para el descanso tanto el Rey como los demás miembros de la Familia Real. Perteneciendo el Patrimonio Nacional al Estado, todos los españoles contribuiremos a que la Familia Real pueda hacer Vida Real, en las mejores condiciones posibles y de manera exclusiva, en los siguientes lugares: el Palacio Real de la Zarzuela y sus edificios adyacentes, el Palacio de la Almudaina en Palma de Mallorca, el Palacio Real de la Granja, el Palacio Real de San Lorenzo de El Escorial, el Palacio Real de Oriente, El Palacio Real de Aranjuez, el Palacio de El Pardo, etcétera.

2. El Rey nombra y releva libremente a los miembros civiles y militares de su Casa.

El Rey elegirá a las personas que trabajarán con "Él", quienes prestarán sus servicios con el máximo reconocimiento y patriotismo. Trabajar por y para el Rey de España hace Historia, porque trabajar en la Casa del Rey significa ser testigo directo, en primera línea, del inequívoco funcionamiento de la Monarquía parlamentaria.

La estructura organizativa de la Casa de Su Majestad el Rey es la siguiente:

1.º La Jefatura:
- Jefe de la Casa.
- Interventor.
- Consejero Diplomático.

2.º La Secretaría General:
- Secretaría de S. M. el Rey don Juan Carlos I:
    - Oficina S. M. el Rey don Juan Carlos I.
    - Oficina S. M. la Reina doña Sofía.
- Gabinete de Planificación y Coordinación:
    - Actividades y Programas.
    - Secretaría de Despacho.
- Secretaría de S. M. la Reina Doña Letizia.
- Servicio de Seguridad:
    - Jefatura.
    - Fuerzas de Seguridad del Estado.
- Comunicación (con los periodistas).
- Protocolo.
- Administración, Infraestructura y Servicios:
    - Asuntos Económicos (gestión financiera, presupuestos).
    - Centro de Comunicaciones e Informática.
    - Infraestructuras (mantenimiento de instalaciones).

3.º El Cuarto Militar:
- Oficial General (Jefe del Cuarto Militar).
    - Gabinete (Personal, Protocolo, Operaciones y Logística).
    - Asesor jurídico-militar.
    - Interventor militar.
- Ayudantes de Campo de S. M. el Rey:
    - Ayudante de Campo del Ejército de Tierra.
    - Ayudante de Campo de la Armada.
    - Ayudante de Campo del Ejército del Aire.
    - Ayudante de Campo de la Guardia Civil.
- Guardia Real (guardia militar, escolta, rendir honores, etc.).

La Casa del Rey es el hogar de todos los que nos sentimos españoles de pro. España se define a través de los actos de su Familia Real. Su Majestad el Rey don Felipe VI es el faro-guía de nuestra Nación; sin "Él" no hay Patria: la Patria es Rey o Reina, luego la realeza española es el símbolo perpetuo de la Unidad Nacional. Somos el país que somos gracias a nuestros Reyes. España es fruto de sus reinados. Salvaguardar la Corona mantiene la unidad de todos los territorios españoles. La Familia Real es la nuestra como familia territorial indivisible. Mientras haya Rey o Reina en España, no habrá fronteras ni muros en nuestros territorios comunes y españoles. «¡Viva el Rey! ¡Viva España!».

Título III

De las Cortes Generales

El Título III especifica la organización del primer poder del Estado: el Poder Legislativo. Y su composición es la siguiente:

- Cortes Generales:
    - Congreso de los Diputados (Cámara Baja): con 300-400 Diputados.
    - Senado (Cámara Alta): con número variable de Senadores (±266).

Capítulo primero

De las Cámaras

Artículo 66
LAS CORTES GENERALES.

> **1. Las Cortes Generales representan al pueblo español y están formadas por el Congreso de los Diputados y el Senado.**

El Parlamento representa la máxima expresión de los poderes públicos españoles, donde se pone en práctica nuestra Monarquía parlamentaria; también se denomina Cortes Generales porque representan a toda España. Luego nuestro sistema parlamentario es bicameral: el Congreso de los Diputados y el Senado son el mismo Parlamento, dos Cámaras colegisladoras.

LA POTESTAD LEGISLATIVA
Y EL CONTROL DEL GOBIERNO.

> **2. Las Cortes Generales ejercen la potestad legislativa del Estado, aprueban sus Presupuestos, controlan la acción del Gobierno y tienen las demás competencias que les atribuya la Constitución.**

El trabajo que se desempeña en el Congreso de los Diputados y en el Senado consiste en lo siguiente: hacer leyes y votarlas, controlar las actividades del Gobierno, discutir y votar los Presupuestos Generales del Estado, controlar la acción del Gobierno con todo tipo de preguntas, plantear mociones de censura contra el Presidente del Gobierno, etcétera.

3. Las Cortes Generales son inviolables.

El Congreso de los Diputados y el Senado como instituciones no pueden ser reprimidos ni controlados por nadie; dicha inviolabilidad parlamentaria supone la inmunidad de los Diputados y los Senadores.

Artículo 67
EL MANDATO PARLAMENTARIO.

1. Nadie podrá ser miembro de las dos Cámaras simultáneamente, ni acumular el acta de una Asamblea de Comunidad Autónoma con la de Diputado al Congreso.

Ningún Diputado del Congreso podrá ser Senador o Diputado de una Comunidad Autónoma al mismo tiempo. Se trata de evitar que los trabajos de un Diputado se dupliquen. Y así también se asegura que la autonomía de un parlamentario autonómico sea realmente efectiva. Aunque sí se podrá ser Senador y Parlamentario de una Comunidad Autónoma.

2. Los miembros de las Cortes Generales no estarán ligados por mandato imperativo.

Los Diputados y los Senadores votarán con absoluta libertad en el Congreso y en el Senado porque nada ni nadie pueden manipular sus votos. Aunque lo cierto es que todos ellos deben cumplir la disciplina de voto planteada por sus respectivos grupos políticos en el Parlamento. Son libres en conciencia, pero sus escaños los tienen gracias a un determinado partido político.

3. Las reuniones de Parlamentarios que se celebren sin convocatoria reglamentaria no vincularán a las Cámaras, y no podrán ejercer sus funciones ni ostentar sus privilegios.

Los Diputados y los Senadores deben reunirse cuando lo estipulen las normativas propias del Congreso y el Senado, de lo contrario serán reuniones que no tendrán validez. Así se evita que una mayoría parlamentaria se reúna y cause perjuicios a una minoría; también es una manera de que el Parlamento esté obligado a escuchar las voces minoritarias de España.

Este Artículo es una muestra más de la altísima calidad democrática que tienen nuestro Congreso de los Diputados y nuestro Senado.

Artículo 68
EL CONGRESO DE LOS DIPUTADOS.

> *1. El Congreso se compone de un mínimo de 300 y un máximo de 400 Diputados, elegidos por sufragio universal, libre, igual, directo y secreto, en los términos que establezca la ley.*

Todos los ciudadanos españoles tienen derecho a elegir a sus representantes a través del voto. Además, todos los ciudadanos tienen derecho a presentarse como candidatos a unas elecciones.

Cuando un español elige a los Diputados del Congreso en unas elecciones, las características de su voto son las siguientes:

- El voto es "universal": las personas que votan son todas mayores de edad.
- El voto es "libre": cada persona elige libremente al partido político que prefiere.
- El voto es "igual": cada persona es un voto.
- El voto es "directo": cada voto va de forma directa al partido político que se ha elegido.
- El voto es "secreto": cada persona puede guardar libremente en secreto el partido político elegido con su voto.

> *2. La circunscripción electoral es la provincia. Las poblaciones de Ceuta y Melilla estarán representadas cada una de ellas por un Diputado. La ley distribuirá el número total de Diputados, asignando una representación mínima inicial a cada circunscripción y distribuyendo los demás en proporción a la población.*

Cada provincia española (cincuenta más Ceuta y Melilla) tiene un número mínimo de Diputados que aumentará en función del número de habitantes de dicha provincia.

> *3. La elección se verificará en cada circunscripción atendiendo a criterios de representación proporcional.*

La representación proporcional implica que, en una circunscripción, una lista electoral obtendrá el número de Diputados que sea proporcional a sus respectivos votos. Aunque este sistema dejará sin representación parlamentaria a muchos partidos políticos minoritarios en provincias con circunscripciones de apenas tres, cuatro o cinco Diputados.

LOS CUATRO AÑOS DE LEGISLATURA.

4. El Congreso es elegido por cuatro años. El mandato de los Diputados termina cuatro años después de su elección o el día de la disolución de la Cámara.

La legislatura del Congreso podría durar menos de cuatro años si el Presidente del Gobierno decide unas elecciones anticipadas.

Las funciones principales del Congreso de los Diputados son:
- Poder legislativo:
  - Iniciativa legislativa.
  - Elaborar y aprobar leyes.
  - Convalidar o derogar Decretos-leyes.
- Poder financiero:
  - Aprobar los Presupuestos Generales del Estado.
- Control del Poder ejecutivo:
  - Voto de investidura del Presidente del Gobierno.
  - Moción de censura y cuestión de confianza.
  - Preguntas e interpelaciones.
  - Comisiones de control.
- Poder Constitucional:
  - Reforma de la Constitución Española.
- Recibir peticiones ciudadanas.

5. Son electores y elegibles todos los españoles que estén en pleno uso de sus derechos políticos.
La ley reconocerá y el Estado facilitará el ejercicio del derecho de sufragio a los españoles que se encuentren fuera del territorio de España.

Cualquier español mayor de edad podrá votar los Diputados e incluso presentarse para ser elegido como Diputado. Y los españoles, residentes en el extranjero, también podrán votar desde las embajadas o los consulados españoles o con otros medios que pudieran habilitarse como el voto por correo o el voto telemático.

6. Las elecciones tendrán lugar entre los treinta días y sesenta días desde la terminación del mandato. El Congreso electo deberá ser convocado dentro de los veinticinco días siguientes a la celebración de las elecciones.

La fecha para las elecciones se aclara constitucionalmente para evitar equívocos o dilaciones oportunistas que pudieran favorecer a uno u otro partido político.

Artículo 69
EL SENADO.

> **1. El Senado es la Cámara de representación territorial.**

Todos los españoles estamos representados en el Senado por demarcaciones provinciales, Comunidades Autónomas e islas.

> **2. En cada provincia se elegirán cuatro Senadores por sufragio universal, libre, igual, directo y secreto por los votantes de cada una de ellas, en los términos que señale una ley orgánica.**

Al igual que la elección de Diputados, cualquier español mayor de edad puede elegir a los Senadores en unas elecciones.

Todas las provincias españolas tendrán representación política sin tener en cuenta el número de habitantes de cada una de ellas.

El Senado es la Cámara del Parlamento que mejor representa el panorama político español: todas las provincias españolas están representadas, incluso las menos pobladas, compensando así la falta de una representación política concreta de una provincia en el Congreso de los Diputados.

> **3. En las provincias insulares, cada isla o agrupación de ellas, con Cabildo o Consejo Insular, constituirá una circunscripción a efectos de elección de Senadores, correspondiendo tres a cada una de las islas mayores - Gran Canaria, Mallorca y Tenerife - y uno a cada una de las siguientes islas o agrupaciones: Ibiza-Formentera, Menorca, Fuerteventura, Gomera, Hierro, Lanzarote y La Palma.**

A determinadas islas españolas se le asignan un número de Senadores para asegurar que todas las regiones y territorios de España tienen efectivamente su representación en el Senado.

> **4. Las poblaciones de Ceuta y Melilla elegirán cada una de ellas dos Senadores.**

También Ceuta y Melilla, como Ciudades Autónomas con escaso territorio, tienen a sus Senadores representándolas en la Cámara Alta.

> **5. Las Comunidades Autónomas designarán además un Senador y otro más por cada millón de habitantes de su respectivo territorio. La designación corresponderá a la Asamblea legislativa o, en su defecto, al órgano colegiado superior de la Comunidad Autónoma, de acuerdo con lo que establezcan los Estatutos, que asegurarán, en todo caso, la adecuada representación proporcional.**

LOS CUATRO AÑOS DE LEGISLATURA.

> *6. El Senado es elegido por cuatro años. El mandato de los Senadores termina cuatro años después de su elección o el día de la disolución de la Cámara.*

Artículo 70
LAS INCOMPATIBILIDADES Y LAS INELEGIBILIDADES.

> *1. La ley electoral determinará las causas de inelegibilidad e incompatibilidad de los Diputados y Senadores, que comprenderán, en todo caso:*
> *a) A los componentes del Tribunal Constitucional.*
> *b) A los altos cargos de la Administración del Estado que determine la ley, con la excepción de los miembros del Gobierno.*
> *c) Al Defensor del Pueblo.*
> *d) A los Magistrados, Jueces y Fiscales en activo.*
> *e) A los militares profesionales y miembros de las Fuerzas y Cuerpos de Seguridad y Policía en activo.*
> *f) A los miembros de las Juntas Electorales.*

No pueden ser ni Diputados ni Senadores las personas que ya trabajan como policías o militares, que tienen labores constitucionales, que trabajan para la Justicia o el Poder Ejecutivo, y demás casos claramente especificados en este Artículo.

> *2. La validez de las actas y credenciales de los miembros de ambas Cámaras estará sometida al control judicial, en los términos que establezca la ley electoral.*

El férreo control judicial de las elecciones en España avala la altísima calidad de nuestro sistema electoral; nuestros procesos electorales, con una transparencia inequívoca, contrastan con las irregularidades y los fraudes electorales cometidos por países como Marruecos, Irán y Venezuela. Incluso cualquier falso referéndum en Cataluña para votar su independencia, votando ilegalmente, triplicando los votos, con un recuento descuadrado y demás barbaridades, queda en ridículo frente a todas las elecciones democráticas celebradas en España que se han caracterizado por su pulcritud legal: desde 1978, en España se vota con todas las garantías propias de un Estado de Derecho tan enraizado como el nuestro.

Artículo 71
LA INVIOLABILIDAD E INMUNIDAD PARLAMENTARIAS.

> **1. Los Diputados y Senadores gozarán de inviolabilidad por las opiniones manifestadas en el ejercicio de sus funciones.**

Los Diputados y los Senadores jamás podrán ser detenidos por sus opiniones, pero sí reprendidos por los Presidentes de las Cámaras: llamadas al orden para los Diputados podemitas malhablados, los Diputados catalanes y vascos con discursos gravemente independentistas y republicanos, los Diputados ultraizquierdistas antisistema, etcétera. Dicha inviolabilidad parlamentaria tiene sus límites morales cuando las opiniones son un peligro para la estabilidad del Estado español y una afrenta al buen nombre de la Corona. En semejantes casos, el Presidente de cada Cámara actuará de manera pertinente, justa y reglamentaria.

> **2. Durante el periodo de su mandato los Diputados y Senadores gozarán asimismo de inmunidad y sólo podrán ser detenidos en caso de flagrante delito. No podrán ser inculpados ni procesados sin la previa autorización de la Cámara respectiva.**

A no ser que estén cometiendo un delito de manera evidente, ningún Diputado ni Senador podrá ser detenido y tampoco llevado ante los Jueces. Además, en el caso de que un Juez necesite detener a un Diputado o un Senador, es imprescindible solicitar un permiso al Congreso de los Diputados o al Senado.

> **3. En las causas contra Diputados y Senadores será competente la Sala de lo Penal del Tribunal Supremo.**

Solo los Jueces del Tribunal Supremo están capacitados para juzgar a los Diputados o los Senadores.

> **4. Los Diputados y Senadores percibirán una asignación que será fijada por las respectivas Cámaras.**

Los sueldos de los Diputados y los Senadores están estipulados por ellos mismos a través de las propias Cámaras; ellos están capacitados para autorregular sus sueldos de manera justa, honrada y austera. Tienen un sueldo que les permite vivir dignamente y dedicarse a la actividad política de España casi de manera altruista y desinteresada: en nuestro país nadie se hace millonario como Diputado o Senador.

Artículo 72
LOS REGLAMENTOS DE LAS CÁMARAS.

> *1. Las Cámaras establecen sus propios Reglamentos, aprueban autónomamente sus presupuestos y, de común acuerdo, regulan el Estatuto del Personal de las Cortes Generales. Los Reglamentos y su reforma serán sometidos a una votación final sobre su totalidad, que requerirá la mayoría absoluta.*

El Congreso de los Diputados y el Senado, por sí mismos, se pueden organizar a la hora de decidir sus propios reglamentos, la forma en que gestionarán sus propios recursos, qué trabajadores necesitan en sus Cámaras, etcétera.

> *2. Las Cámaras eligen sus respectivos Presidentes y los demás miembros de sus Mesas. Las sesiones conjuntas serán presididas por el Presidente del Congreso y se regirán por un Reglamento de las Cortes Generales aprobado por mayoría absoluta de cada Cámara.*

> *3. Los Presidentes de las Cámaras ejercen en nombre de las mismas todos los poderes administrativos y facultades de policía en el interior de sus respectivas sedes.*

Los Presidentes de las Cámaras tienen facultades policiales para reprender o expulsar de las Cámaras a Diputados o Senadores que se expresen de forma despreciativa, agresiva, insultante, injuriosa o, en general, con formas antidemocráticas muy propias de rojos, podemitas, proetarras, antisistema, proindependentistas, antimonárquicos, etcétera. Las Cámaras como instituciones y la mayoría de sus miembros se merecen un profundo respeto y tienen la protección incuestionable de la Constitución Española para atajar cualquier deriva republicana de unos pocos Parlamentarios que fueron elegidos erróneamente a través de votos cautivos tras una propaganda electoral fascista y populista. El discurso del odio, el desprestigio, la envidia, la ambigüedad, la codicia, el egoísmo, la matraca independentista, la hipocresía y el resentimiento histórico caracterizan a muchos de esos polituchos ultranacionalistas catalanes y vascos con seudoideologías políticas ultraderechistas o ultraizquiedistas. Por fortuna para nuestra democracia, siempre son y serán una minoría en el Congreso de los Diputados y en el Senado. Las Cámaras se caracterizan por una brillante convivencia política entre la actualizada derecha, el centro y las verdaderas izquierdas de España. Con la Carta Magna se evita que se produzca una podemización permanente de las Cámaras: discursos populistas, oportunismo electoral y ambigüedad política.

Artículo 73
LAS SESIONES DE LAS CÁMARAS.

> *1. Las Cámaras se reunirán anualmente en dos períodos ordinarios de sesiones: el primero, de septiembre a diciembre, y el segundo, de febrero a junio.*

Las Cámaras necesitan un periodo de tres meses de descanso al año a causa del arduo trabajo parlamentario de sus miembros. Aunque dichos meses suelen emplearlos para seguir trabajando en el conocimiento de las necesidades de sus votantes, en las reuniones con sus respectivos partidos políticos, etcétera.

> *2. Las Cámaras podrán reunirse en sesiones extraordinarias a petición del Gobierno, de la Diputación Permanente o de la mayoría absoluta de los miembros de cualquiera de las Cámaras. Las sesiones extraordinarias deberán convocarse sobre un orden del día determinado y serán clausuradas una vez que éste haya sido agotado.*

Los miembros del Congreso de los Diputados y el Senado podrán reunirse en los meses de enero, julio y agosto solo para abordar temas realmente importantes o graves como sería el asunto del desafío independentista o separatista de Cataluña; porque dicho asunto podría dañar seriamente la convivencia entre los mismos catalanes y la estabilidad de las instituciones del Estado. Porque la mayoría de los Diputados y los Senadores están las veinticuatro horas de todos los días del año al servicio de los ciudadanos españoles; la buena disposición mayoritaria de los miembros de las Cámaras es incuestionable cuando se trata de defender la Corona y la unidad de España: ellos representan a todos los ciudadanos que somos y nos sentimos profundamente monárquicos y españoles de pro. «¡Viva España! ¡Viva el Rey!».

Artículo 74
LAS SESIONES CONJUNTAS DE LAS CÁMARAS.

> *1. Las Cámaras se reunirán en sesión conjunta para ejercer las competencias no legislativas que el Título II atribuye expresamente a las Cortes Generales.*

Los miembros del Congreso de los Diputados y el Senado pueden reunirse todos juntos para tratar cuestiones trascendentales relacionadas con el Rey de España y la Familia Real: votación del matrimonio de la Princesa de Asturias, recibir el Juramento de la futura Reina de España, dar el beneplácito al Rey para declarar una guerra a otro país y luego firmar la paz, etcétera.

> 2. *Las decisiones de las Cortes Generales previstas en los Artículos 94. 1, 145. 2 y 158. 2, se adoptarán por mayoría de cada una de las Cámaras. En el primer caso, el procedimiento se iniciará por el Congreso, y en los otros dos, por el Senado. En ambos casos, si no hubiera acuerdo entre Senado y Congreso, se intentará obtener por una Comisión Mixta compuesta de igual número de Diputados y Senadores. La Comisión presentará un texto que será votado por ambas Cámaras. Si no se aprueba en la forma establecida, decidirá el Congreso por mayoría absoluta.*

Hay situaciones en las que el Congreso de los Diputados y el Senado no están de acuerdo con determinados temas, por lo que se reúnen representantes de ambas Cámaras para conseguir unos acuerdos sobre asuntos internacionales, un acuerdo de cooperación entre Comunidades Autónomas, etcétera.

Artículo 75
EL PLENO Y LAS COMISIONES DE LAS CÁMARAS.

> 1. *Las Cámaras funcionarán en Pleno y por Comisiones.*

La forma de trabajo del Congreso de los Diputados y el Senado es reunirse todos juntos, cada uno de ellos en sus respectivas Cámaras, en un Pleno o por grupos de trabajo en las Comisiones donde hay una representación proporcional de los grupos parlamentarios.

> 2. *Las Cámaras podrán delegar en las Comisiones Legislativas Permanentes la aprobación de proyectos o proposiciones de ley. El Pleno podrá, no obstante, recabar en cualquier momento el debate y votación de cualquier proyecto o proposición de ley que haya sido objeto de esta delegación.*

Los miembros del Congreso de los Diputados y el Senado pueden votar algunas leyes en las Comisiones.

> 3. *Quedan exceptuados de lo dispuesto en el apartado anterior la reforma constitucional, las cuestiones internacionales, las leyes orgánicas y de bases y los Presupuestos Generales del Estado.*

El Congreso de los Diputados y el Senado tienen el deber constitucional de votar siempre en el Pleno cualquier reforma de la Constitución Española, las leyes que sean más importantes para España, los asuntos internacionales de gran trascendencia para nuestro país y los Presupuestos Generales del Estado español.

Artículo 76
LAS COMISIONES DE INVESTIGACIÓN.

> *1. El Congreso y el Senado, y, en su caso, ambas Cámaras conjuntamente, podrán nombrar Comisiones de investigación sobre cualquier asunto de interés público. Sus conclusiones no serán vinculantes para los Tribunales, ni afectarán a las resoluciones judiciales, sin perjuicio de que el resultado de la investigación sea comunicado al Ministerio Fiscal para el ejercicio, cuando proceda, de las acciones oportunas.*

Son grupos especiales de trabajo que investigan asuntos tan graves como la corrupción política o la financiación ilegal de los partidos políticos; dichos asuntos deben causar un escándalo público y una gran repercusión mediática. Son investigaciones al margen de las que puedan realizar los Jueces y la Policía, y los resultados no deben influir a los Tribunales.

> *2. Será obligatorio comparecer a requerimiento de las Cámaras. La ley regulará las sanciones que puedan imponerse por incumplimiento de esta obligación.*

Cualquier ciudadano puede ser llamado por la Comisión de investigación. Y la asistencia es de obligado cumplimiento; de lo contrario, la persona que no comparezca será sancionada. Lo democrático es acudir cuando lo solicitan dichas Comisiones, porque los miembros de las Cámaras representan la soberanía nacional: es el pueblo español el que realiza un llamamiento a un ciudadano para que se explique ante la pertinente Comisión.

Artículo 77
LAS PETICIONES A LAS CÁMARAS.

> *1. Las Cámaras pueden recibir peticiones individuales y colectivas, siempre por escrito, quedando prohibida la presentación directa por manifestaciones ciudadanas.*

Este Artículo permite a los ciudadanos dirigirse directamente al Congreso de los Diputados y al Senado para quejarse sobre un asunto que afecte a las Cámaras o para presentar alguna propuesta que mejore el funcionamiento del Congreso o el Senado.

> *2. Las Cámaras pueden remitir al Gobierno las peticiones que reciban. El Gobierno está obligado a explicarse sobre su contenido, siempre que las Cámaras lo exijan.*

Si las quejas o propuestas son constructivas, las Cámaras podrán enviarlas al Gobierno para que sean estudiadas y explicadas si resultan útiles.

Artículo 78
LAS DIPUTACIONES PERMANENTES.

> *1. En cada Cámara habrá una Diputación Permanente compuesta por un mínimo de veintiún miembros, que representarán a los grupos parlamentarios, en proporción a su importancia numérica.*

Tanto el Congreso de los Diputados como el Senado tendrán una Diputación Permanente para cada una de dichas Cámaras, y estarán compuestas solo por algunos Diputados y Senadores.

> *2. Las Diputaciones Permanentes estarán presididas por el Presidente de la Cámara respectiva y tendrán como funciones la prevista en el Artículo 73, la de asumir las facultades que correspondan a las Cámaras, de acuerdo con los Artículos 86 y 116, en caso de que éstas hubieren sido disueltas o hubiere expirado su mandato y la de velar por los poderes de las Cámaras cuando éstas no estén reunidas.*

Cada Diputación Permanente se reunirá en enero, julio y agosto. De esta manera, se representa al Congreso de los Diputados y al Senado cuando la mayoría de sus Diputados y sus Senadores se encuentran descansando, de vacaciones o están en periodo electoral.

> *3. Expirado el mandato o en caso de disolución, las Diputaciones Permanentes seguirán ejerciendo sus funciones hasta la constitución de las nuevas Cortes Generales.*

Una Diputación Permanente tiene diferentes funciones: vota leyes urgentes ante situaciones de extrema gravedad, organiza reuniones importantes para el Congreso de los Diputados y el Senado, permite al Gobierno la limitación temporal de derechos fundamentales, etcétera. Una Diputación Permanente podría prohibir manifestaciones masivas de independentistas catalanes o vascos que pudieran dañar la estabilidad política y social de España.

> *4. Reunida la Cámara correspondiente, la Diputación Permanente dará cuenta de los asuntos tratados y de sus decisiones.*

Artículo 79
LA ADOPCIÓN DE LOS ACUERDOS.

1. Para adoptar acuerdos, las Cámaras deben estar reunidas reglamentariamente y con asistencia de la mayoría de sus miembros.

Las votaciones en el Congreso de los Diputados y en el Senado solo serán validas cuando los Diputados y los Senadores reunidos acaten las normativas de las Cámaras y siempre que estén presentes la mitad más uno de sus miembros.

2. Dichos acuerdos, para ser válidos, deberán ser aprobados por la mayoría de los miembros presentes, sin perjuicio de las mayorías especiales que establezcan la Constitución o las leyes orgánicas y las que para elección de personas establezcan los Reglamentos de las Cámaras.

Cuando votan más Diputados o Senadores a favor que en contra se denomina mayoría simple: de los parlamentarios que se encuentran presentes, se tienen más votos a favor que en contra. Mientras que la mayoría absoluta implica tener a favor la mitad más uno de los votos de todos los miembros de cada Cámara, estén presentes o no.

3. El voto de Senadores y Diputados es personal e indelegable.

Ninguna persona puede sustituir a un Diputado o un Senador en las votaciones de las Cámaras.

Artículo 80
LA PUBLICIDAD DE LAS SESIONES.

Las sesiones plenarias de las Cámaras serán públicas, salvo acuerdo en contrario de cada Cámara, adoptado por mayoría absoluta o con arreglo al Reglamento.

Todas las reuniones que se realicen en el Congreso de los Diputados y en el Senado serán abiertas para todos los españoles con una autorización previa. Aunque los Plenos televisados del Parlamento sí son hoy efectivamente abiertos para todos los públicos sin invitación alguna. Por cuestiones de seguridad, la presencia física e inmediata en las Cámaras es realmente complicada y casi imposible en la actualidad: existen amenazas terroristas, espontáneos independentistas, rencorosos antipolíticos, manifestantes agresivos, activistas podemizados, etcétera.

Capítulo segundo

De la elaboración de las leyes

Jerarquía de las normas en el Estado español:

1.º Constitución Española.
2.º Leyes emanadas de las Cortes:
   a) Leyes orgánicas.
   b) Leyes ordinarias.
3.º Leyes emanadas del Gobierno:
   a) Reales Decretos-leyes.
   b) Reales Decretos Legislativos.
4.º Reglamentos:
   a) Reales Decretos del Gobierno.
   b) Órdenes de las Comisiones delegadas del Gobierno.
   c) Órdenes ministeriales.
   d) Circulares, resoluciones, instrucciones y órdenes de servicio de las autoridades inferiores.

Jerarquía de las normas en cada Comunidad Autónoma:

1.º Constitución Española.
2.º Leyes orgánicas y Estatuto de Autonomía.
3.º Leyes ordinarias del Estado y leyes de la Comunidad Autónoma.
4.º Reales Decretos-leyes.
5.º Decretos Legislativos y leyes de la Comunidad Autónoma en desarrollo de una ley-marco.
6.º Reglamentos autonómicos:
   a) Reales Decretos y Decretos del Consejo de Gobierno de la Comunidad Autónoma.
   b) Resoluciones de los Consejos de Gobierno.
   c) Circulares e instrucciones de la Administración Autonómica.

Artículo 81
LAS LEYES ORGÁNICAS.

1. Son leyes orgánicas las relativas al desarrollo de los derechos fundamentales y de las libertades públicas, las que aprueben los Estatu-

> tos de Autonomía y el régimen electoral general y las demás previstas en la Constitución.

Las leyes orgánicas son normas que se ocupan de los derechos y las libertades de los ciudadanos, de los estatutos de autonomía, del voto y las elecciones, de las Fuerzas Armadas, de la Guardia Civil, de la Policía, de los Jueces, del Defensor del Pueblo, etcétera.

> **2. La aprobación, modificación o derogación de las leyes orgánicas exigirá mayoría absoluta del Congreso, en una votación final sobre el conjunto del proyecto.**

Cualquier ley orgánica necesitará los votos favorables de la mitad más uno de todos los Diputados, porque se trata de un tipo de ley muy importante con un rango constitucional mayor al de las leyes ordinarias.

Artículo 82
LA DELEGACIÓN LEGISLATIVA.

> **1. Las Cortes Generales podrán delegar en el Gobierno la potestad de dictar normas con rango de ley sobre materias determinadas no incluidas en el Artículo anterior.**

El Gobierno solo podrá dictar leyes ordinarias sobre materias delegadas por las Cámaras; dicha delegación legislativa supone agilizar los trámites cuando se demorarían demasiado en las Cortes Generales.

> **2. La delegación legislativa deberá otorgarse mediante una ley de bases cuando su objeto sea la formación de textos articulados o por una ley ordinaria cuando se trate de refundir varios textos legales en uno solo.**

Se trata de una autorización para que el Gobierno entre en todos los detalles que se están legislando o en clarificar varios textos legales fusionándolos en uno solo.

> **3. La delegación legislativa habrá de otorgarse al Gobierno de forma expresa para materia concreta y con fijación del plazo para su ejercicio. La delegación se agota por el uso que de ella haga el Gobierno mediante la publicación de la norma correspondiente. No podrá entenderse concedida de modo implícito o por tiempo indeterminado. Tampoco podrá permitir la subdelegación a autoridades distintas del propio Gobierno.**

Este Artículo plantea claramente las condiciones y los límites de la delegación legislativa, evitándose así que el Gobierno pueda extralimitarse.

> *4. Las leyes de bases delimitarán con precisión el objeto y alcance de la delegación legislativa y los principios y criterios que han de seguirse en su ejercicio.*

LA REFUNDICIÓN DE TEXTOS LEGALES.

> *5. La autorización para refundir textos legales determinará el ámbito normativo a que se refiere el contenido de la delegación, especificando si se circunscribe a la mera formulación de un texto único o si se incluye la de regularizar, aclarar y armonizar los textos legales que han de ser refundidos.*

El Congreso de los Diputados y el Senado podrán encargar determinadas leyes al Gobierno para realizar una norma muy concreta como una ley de base y para refundir leyes, es decir, para unir varias normas anteriores con nuevas normas en una sola y única norma.

> *6. Sin perjuicio de la competencia propia de los Tribunales, las leyes de delegación podrán establecer en cada caso fórmulas adicionales de control.*

Artículo 83
LA LIMITACIÓN A LAS LEYES DE BASES.

> *Las leyes de bases no pondrán en ningún caso:*
> *a) Autorizar la modificación de la propia ley de bases.*
> *b) Facultar para dictar normas con carácter retroactivo.*

Una ley de base es un encargo del Congreso de los Diputados o del Senado al Gobierno en curso, pero la ley de base jamás podrá servir para cambiar dicho encargo de las Cámaras, ni para hacer leyes que puedan aplicarse en el pasado.

Artículo 84
LA DEROGACIÓN DE UNA LEY DE DELEGACIÓN.

> *Cuando una proposición de ley o una enmienda fuere contraria a una delegación legislativa en vigor, el Gobierno está facultado para oponerse a su tramitación. En tal supuesto, podrá presentarse una proposición de ley para la derogación total o parcial de la ley de delegación.*

El Congreso de los Diputados y el Senado podrán plantear una ley para cambiar el encargo de otra ley que previamente se solicitó al Gobierno, en cuyo caso dicho Gobierno podrá protestar, aunque el Congreso y el Senado podrán quitar dicho encargo: las Cámaras pueden revisar en cualquier momento sus decisiones ya tomadas.

Artículo 85
LOS DECRETOS LEGISLATIVOS.

> *Las disposiciones del Gobierno que contengan legislación delegada recibirán el título de Decretos Legislativos.*

Emanado desde el Gobierno, un Decreto Legislativo es una ley o norma jurídica con rango de ley que sirve para organizar y unir varias leyes, donde dicho Gobierno utiliza una delegación legislativa de las Cámaras.

Artículo 86
LOS DECRETOS-LEYES Y SU CONVALIDACIÓN.

> *1. En caso de extraordinaria y urgente necesidad, el Gobierno podrá dictar disposiciones legislativas provisionales que tomarán la forma de Decretos-leyes y que no podrán afectar al ordenamiento de las instituciones básicas del Estado, a los derechos, deberes y libertades de los ciudadanos regulados en el Título I, al régimen de las Comunidades Autónomas, ni al Derecho electoral general.*

El Gobierno podrá hacer Decretos-leyes que son leyes realizadas en casos de urgencia o extrema necesidad, y que entran en vigor una vez que son publicados. Son disposiciones legales con rango de ley, aunque podrán enjuiciarse por el Tribunal Constitucional si existen indicios de que el Gobierno no ha legislado correctamente un asunto determinado.

Pero ningún Gobierno podrá realizar un Decreto-ley sobre los derechos y las libertades de los ciudadanos, sobre las normativas de las elecciones y el voto, ni sobre la organización de las Comunidades Autónomas.

> *2. Los Decretos-leyes deberán ser inmediatamente sometidos a debate y votación de totalidad al Congreso de los Diputados, convocado al efecto si no estuviere reunido, en el plazo de los treinta días siguientes a su promulgación. El Congreso habrá de pronunciarse expresamente dentro de dicho plazo sobre su convalidación o derogación, para lo cual el Reglamento establecerá un procedimiento especial y sumario.*

El Congreso de los Diputados deberá votar a favor o en contra de un Decreto-ley antes de un mes; dicha votación suele ser favorable porque el Gobierno ya cuenta con la mayoría que le impulsó a realizar dicho Decreto-ley.

> **3. Durante el plazo establecido en el apartado anterior, las Cortes podrán tramitarlos como proyectos de ley por el procedimiento de urgencia.**

Mientras se acepten las enmiendas de todos los Grupos Parlamentarios, se podrá perfeccionar un Decreto-ley que ya se esté utilizando.

Artículo 87
LA INICIATIVA LEGISLATIVA.

> **1. La iniciativa legislativa corresponde al Gobierno, al Congreso y al Senado, de acuerdo con la Constitución y los Reglamentos de las Cámaras.**

La iniciativa legislativa implica, a través del Gobierno, las Cámaras y demás instituciones pertinentes, poner en marcha todos los mecanismos que llevan a publicar una ley.

Normalmente, es el Gobierno el que remite al Congreso un determinado proyecto de ley para hacer efectivo su programa electoral. Aunque la oposición también puede plantear proposiciones de ley que podrán tramitarse por la Cámara si hay consenso.

LA INICIATIVA LEGISLATIVA
DE LAS COMUNIDADES AUTÓNOMAS.

> **2. Las Asambleas de las Comunidades Autónomas podrán solicitar del Gobierno la adopción de un proyecto de ley o remitir a la Mesa del Congreso una proposición de ley, delegando ante dicha Cámara un máximo de tres miembros de la Asamblea encargados de su defensa.**

Las Comunidades Autónomas también podrán presentar cualquier proposición de ley; la mayoría suelen ser aceptadas cuando favorecen al interés general de la región y de España, pero nunca se han aceptado las proposiciones que son mera matraca independentista de los gobiernos catalanes y vascos.

LA INICIATIVA LEGISLATIVA POPULAR.

> **3. Una ley orgánica regulará las formas de ejercicio y requisitos de la iniciativa popular para la presentación de proposiciones de ley. En todo caso se exigirán no menos de 500.000 firmas acreditadas. No procederá dicha iniciativa en materias propias de ley orgánica, tributarias o de carácter internacional, ni en lo relativo a la prerrogativa de gracia.**

La ciudadanía española participa de manera directa con una iniciativa popular. Los ciudadanos tienen el derecho de someter a referéndum un asunto importante o de admitir una proposición de ley para que se apruebe por el Parlamento.

No se podrán proponer leyes relacionadas con las instituciones del Estado, los derechos de los españoles, los impuestos, los asuntos internacionales, y tampoco proponer leyes para perdonar a presidiarios que están cumpliendo sus condenas.

Artículo 88
LOS PROYECTOS DE LEY.

Los proyectos de ley serán aprobados en Consejo de Ministros, que los someterá al Congreso, acompañados de una exposición de motivos y de los antecedentes necesarios para pronunciarse sobre ellos.

El Gobierno deberá enviar sus propuestas de leyes al Congreso, que se denominan proyectos de ley. Y, además, el Gobierno tendrá que explicar las razones por las cuales propone dicha ley. Cuando el proyecto de ley es promovido por el Gobierno, se acepta sin más procedimiento que la publicación en el BOCG (Boletín Oficial de las Cortes Generales). Pero si se trata de una proposición de ley, habrá que cumplir una serie de trámites: un debate en el Pleno para tomarla en consideración, una votación que necesitará la mayoría a favor para ser aprobada, presentación de enmiendas a la totalidad o a ciertas partes de la proposición, una Comisión del Congreso de los Diputados para discutir una enmienda a la totalidad, una posible devolución de la propuesta para que el Gobierno la reconsidere, rechazo de la enmienda a la totalidad porque el Gobierno casi siempre se asegura previamente una mayoría para aprobar cualquier propuesta, redacción de un informe sobre la propuesta para debatirla en una Comisión parlamentaria, un dictamen de dicha Comisión que se discute en el Pleno con sus posibles enmiendas, aprobación en el Pleno del Congreso de los Diputados y, finalmente, envío del proyecto ya aprobado al Senado para ser discutido con sus respectivos procedimientos según el Artículo 90.

Artículo 89
LAS PROPOSICIONES DE LEY.

1. La tramitación de las proposiciones de ley se regulará por los Reglamentos de las Cámaras, sin que la prioridad debida a los proyectos de ley impida el ejercicio de la iniciativa legislativa en los términos regulados por el Artículo 87.

Son los reglamentos del Congreso de los Diputados y del Senado los que determinan cómo se presentarán las propuestas de leyes.

Las proposiciones de ley son las propuestas de leyes del Congreso de los Diputados y del Senado, y se tramitan tal y como se especifican en los dos Artículos anteriores.

> *2. Las proposiciones de ley que, de acuerdo con el Artículo 87, tome en consideración el Senado, se remitirán al Congreso para su trámite en éste como tal proposición.*

Artículo 90
LA ACTUACIÓN LEGISLATIVA DEL SENADO.

> *1. Aprobado un proyecto de ley ordinaria u orgánica por el Congreso de los Diputados, su Presidente dará inmediata cuenta del mismo al Presidente del Senado, el cual lo someterá a la deliberación de éste.*

> *2. El Senado en el plazo de dos meses, a partir del día de la recepción del texto, puede, mediante mensaje motivado, oponer su veto o introducir enmiendas al mismo. El veto deberá ser aprobado por mayoría absoluta. El proyecto no podrá ser sometido al Rey para sanción sin que el Congreso ratifique por mayoría absoluta, en caso de veto, el texto inicial, o por mayoría simple, una vez transcurridos dos meses desde la interposición del mismo, o se pronuncie sobre las enmiendas, aceptándolas o no por mayoría simple.*

> *3. El plazo de dos meses de que el Senado dispone para vetar o enmendar el proyecto se reducirá al de veinte días naturales en los proyectos declarados urgentes por el Gobierno o por el Congreso de los Diputados.*

El Senado deberá votar todas las leyes que se aprueben en el Congreso de los Diputados.

El Senado podrá votar a favor o en contra, e incluso cambiar determinadas partes de la ley. En caso de votar en contra o cambiar algo de dicha ley, al Congreso de los Diputados irá de vuelta. Pero si los Diputados votan otra vez a favor, la ley quedará automáticamente aprobada, aunque el Senado siga en contra de la misma. Así, el Senado aprueba, revisa o veta un proyecto de ley. Aprobarlo supone dar por finalizado el proceso, en cuyo caso solo es necesario enviarlo al Rey para que lo promulgue. Pero lo más frecuente es revisar dicho proyecto para presentar enmiendas y discutirlo en Comisión y en Pleno antes de enviarlo corregido por mayoría al Congreso que posteriormente lo debatirá y deberá aprobarlo también por mayoría antes de enviárselo al Rey para su refrendo y promulgación. Aunque es improbable que un proyecto sea vetado por el Senado, porque el grupo parlamentario mayoritario en el Congreso también suele serlo en el Senado para defender todos sus proyectos; si se produjese el veto solo haría falta esperar un máximo de dos meses para que el Congreso rompiese por mayoría simple dicho veto. Luego el veto es una mera formalidad. Los proyectos siempre acaban aprobándose por los Diputados, con o sin enmiendas.

Artículo 91
LA SANCIÓN Y LA PROMULGACIÓN DE LAS LEYES.

El Rey sancionará en el plazo de quince días las leyes aprobadas por las Cortes Generales, y las promulgará y ordenará su inmediata publicación.

Su Majestad el Rey don Felipe VI deberá firmar todas las leyes para que puedan publicarse definitivamente y así hacerse públicas. La firma del Rey es siempre la mayor garantía simbólica para que cualquier ley sea justa y necesaria para España y todos sus ciudadanos. Finalmente, las leyes acaban publicándose en el BOE (Boletín Oficial del Estado).

Artículo 92
EL REFERÉNDUM.

1. Las decisiones políticas de especial transcendencia podrán ser sometidas a referéndum consultivo de todos los ciudadanos.

Todos los españoles en conjunto podemos participar de manera directa en la toma de decisiones que afecten al país, sobre todo cuando se trata de tomar una decisión política de gran trascendencia para España.

Los españoles, todos juntos y unidos, podremos votar aquellas decisiones que son realmente importantes para la Nación española, para la Patria. Se trata de una consulta a gran escala nacional.

El referéndum tiene un carácter consultivo, donde el Gobierno solicita la opinión de los ciudadanos, por lo que el resultado se puede llevar a cabo o no.

2. El referéndum será convocado por el Rey, mediante propuesta del Presidente del Gobierno, previamente autorizada por el Congreso de los Diputados.

El Gobierno hará una pregunta a la ciudadanía española para que se emitan votos a favor o en contra.

3. Una ley orgánica regulará las condiciones y el procedimiento de las distintas modalidades de referéndum previstas en esta Constitución.

Quedará terminantemente prohibido cualquier referéndum para la autodeterminación, la secesión o la independencia de una región española. Ninguna Comunidad Autónoma puede pedir la independencia de su región a través de un referéndum que excluya a las demás Comunidades Autónomas. Ningún referéndum secesionista, separatista o independentista tiene cabida en el Estado de Derecho de España. Ni los catalanes ni los vascos ni los demás ciudadanos de una región concreta del territorio nacional jamás tendrán derecho a independizarse de España. Un referéndum que pida la autodeterminación o la independencia de una Comunidad Autónoma, como el falso referéndum de Cataluña en 2017, es una ilegalidad manifiesta e intencionada, una afrenta al sentimiento patrio de todos los españoles de pro, una deslealtad institucional y una traición a la Corona. Los fallidos intentos independentistas en Cataluña y las provincias vascas reflejan psicopatologías políticas provocadas por un infundado pero profundo complejo de inferioridad histórica, una matraca independentista que la sociedad española define como patética, ridícula e infantiloide.

Capítulo tercero

De los Tratados Internacionales

Artículo 93
LOS TRATADOS O ACUERDOS INTERNACIONALES.

Mediante ley orgánica se podrá autorizar la celebración de tratados por los que se atribuya a una organización o institución internacional el ejercicio de competencias derivadas de la Constitución. Corresponde a las Cortes Generales o al Gobierno, según los casos, la garantía del cumplimiento de estos tratados y de las resoluciones emanadas de los organismos internacionales o supranacionales titulares de la cesión.

El Gobierno de España puede delegar determinadas competencias a organizaciones internacionales como la Unión Europea. Para ello debe autorizarse al menos por la mitad más uno de los Diputados que conforman el Congreso de los Diputados.

Todos los tratados y los acuerdos internacionales solo se pondrán en marcha cuando cada uno de ellos esté aprobado por su Ley orgánica.

Artículo 94
LA AUTORIZACIÓN DE LAS CORTES GENERALES PARA DETERMINADOS TRATADOS INTERNACIONALES.

> 1. La prestación del consentimiento del Estado para obligarse por medio de tratados o convenios requerirá la previa autorización de las Cortes Generales, en los siguientes casos:
> a) Tratados de carácter político.
> b) Tratados o convenios de carácter militar.
> c) Tratados o convenios que afecten a la integridad territorial del Estado o a los derechos y deberes fundamentales establecidos en el Título I.
> d) Tratados o convenios que impliquen obligaciones financieras para la Hacienda Pública.
> e) Tratados o convenios que supongan modificación o derogación de alguna ley o exijan medidas legislativas para su ejecución.

El Gobierno siempre necesitará el permiso expreso del Congreso de los Diputados y del Senado para firmar cualquier acuerdo o tratado con las organizaciones internacionales, especialmente en asuntos políticos que afecten a los derechos de los ciudadanos españoles, en temas militares y de defensa de España, en temas relacionados con los impuestos y en asuntos que pudieran cambiar la propia legislación española.

Queda terminantemente prohibido cualquier acuerdo secreto: la Constitución Española asegura la transparencia de todos los tratados y acuerdos autorizados por el Congreso de los Diputados y del Senado.

> 2. El Congreso y el Senado serán inmediatamente informados de la conclusión de los restantes tratados o convenios.

Artículo 95
LOS TRATADOS INTERNACIONALES Y LA CONSTITUCIÓN.

1. La celebración de un tratado internacional que contenga estipulaciones contrarias a la Constitución exigirá la previa revisión constitucional.

El Gobierno no podrá firmar ningún acuerdo o tratado con otro país que vaya en contra de la Constitución Española: en España, la democracia española y la Patria así lo han decidido a través de su mayoría ciudadana desde 1978. «¡Viva España!».

2. El Gobierno o cualquiera de las Cámaras puede requerir al Tribunal Constitucional para que declare si existe o no esa contradicción.

Artículo 96
LA DEROGACIÓN Y LA DENUNCIA DE
LOS TRATADOS Y LOS CONVENIOS INTERNACIONALES.

1. Los tratados internacionales válidamente celebrados, una vez publicados oficialmente en España, formarán parte del ordenamiento interno. Sus disposiciones sólo podrán ser derogadas, modificadas o suspendidas en la forma prevista en los propios tratados o de acuerdo con las normas generales del Derecho internacional.

Los tratados con otros países valdrán como las leyes y deberán cumplirse como tales.

2. Para la denuncia de los tratados y convenios internacionales se utilizará el mismo procedimiento previsto para su aprobación en el Artículo 94.

El Congreso de los Diputados y el Senado deberán dar permiso al Gobierno para la anulación de cualquier tratado internacional.

Título IV

Del Gobierno y de la Administración

El Título IV determina la organización del segundo poder del Estado: el Poder Ejecutivo.

Artículo 97
EL GOBIERNO.

> *El Gobierno dirige la política interior y exterior, la Administración civil y militar y la defensa del Estado. Ejerce la función ejecutiva y la potestad reglamentaria de acuerdo con la Constitución y las leyes.*

La función ejecutiva del Gobierno de España es la dirección misma de la Administración Pública y de los demás asuntos que son necesarios para el buen funcionamiento del Estado. Al hacerse de acuerdo con la Constitución Española y las demás leyes, los ciudadanos podemos tener la plena confianza en que los poderes públicos actúan legalmente.

El Gobierno, de toda la Nación y para toda España, se encarga de dirigir la política del país, de conducir las relaciones con otros países, de organizar la actividad laboral de los funcionarios, y de guiar las Fuerzas Armadas y la defensa de España. También realiza algunas normas, Órdenes ministeriales, Decretos y demás disposiciones legales durante los cuatro años de legislatura; es lo que se denomina la potestad reglamentaria del Gobierno.

Por lo tanto, la Constitución Española diferencia entre el Gobierno que dirige la Nación y la Administración Pública que está subordinada, donde los distintos Ministerios actúan como conectores o puentes. Sin embargo, en la práctica gubernamental, el Gobierno actúa política y administrativamente; el Gobierno se fusiona con la Administración porque los dos son partes del Poder Ejecutivo.

Artículo 98
LA COMPOSICIÓN DEL GOBIERNO.

> *1. El Gobierno se compone del Presidente, de los Vicepresidentes, en su caso, de los Ministros y de los demás miembros que establezca la ley.*

La estructura de la Presidencia del Gobierno es la siguiente:
1.º Presidente del Gobierno + Secretario del Presidente.
2.º Vicepresidente del Gobierno + Secretario del Vicepresidente.
3.º Gabinete de la Presidencia del Gobierno:
- Dirección Adjunta del Gabinete:
  - Departamento de Seguridad Nacional.
  - Departamento de Asuntos Internacionales.
  - Departamento de Asuntos Europeos y G20.
  - Departamento de Asuntos Nacionales + Coordinador:
    . Departamento de Educación, Ciencia y Cultura.
    . Departamento de Políticas sociales.
    . Departamento de Comunicación con los Ciudadanos.
- Secretaría General de la Presidencia del Gobierno:
  - Gabinete Técnico, Unidad de Medios Operativos, Unidad de Informática y Unidad de Comunicaciones.
  - Coordinador para asuntos de Presidencia del Gobierno.
  - Departamento de Protocolo:
    . Unidad de Protocolo de la Presidencia del Gobierno.
    . Unidad de Protocolo y Ceremonial de Estado.
  - Departamento de Seguridad:
    . Unidad de Seguridad.
    . Unidad Operativa.
- Departamento de Análisis y Estudios.
4.º Oficina Económica del Presidente del Gobierno:
- Dirección General de la Secretaría Técnica de la Comisión Delegada para Asuntos Económicos:
  - Subdirección Gen. de Políticas Sectoriales.
- Subdirección Gen. de Asuntos Económicos Europeos e Int.
- Dirección Gen. de Políticas Financ., Macroecon. y Laborales.
5.º Secretaría de Estado de Comunicación (Portavoz del Gobierno):
- Dirección General de Logística Informativa:
  - Subdirección General de Información Nacional.
  - Subdirección General de Información Internacional.
  - Subdirección General de Análisis y Documentación.
- Dirección General de Comunicación:
  - Unidad de Coordinación
  - Unidad de Comunicación.
- Unidad de Protocolo Informativo.
- Unidad de Publicidad Institucional.

El Gobierno es la presencia física y real del Poder Ejecutivo en España, siendo el Presidente quien coordina a todos los miembros de dicho Gobierno. El Vicepresidente o los Vicepresidentes se encargarán de la alta dirección en asuntos económicos, políticos, sociales, etcétera. Los Ministros se ocuparán de su área específica: Hacienda, Defensa, Educación, Cultura, etcétera.

> *2. El Presidente dirige la acción del Gobierno y coordina las funciones de los demás miembros del mismo, sin perjuicio de la competencia y responsabilidad directa de éstos en su gestión.*

El Presidente se encargará de organizar y dirigir el Gobierno, mientras que el Vicepresidente sustituirá al Presidente solo en determinados momentos. Y cada Ministro se encargará de asuntos muy específicos como la Sanidad, la Justicia, etcétera.

> *3. Los miembros del Gobierno no podrán ejercer otras funciones representativas que las propias del mandato parlamentario, ni cualquier otra función pública que no derive de su cargo, ni actividad profesional o mercantil alguna.*

Ni el Presidente ni el Vicepresidente ni ningún Ministro podrán ocupar otros puestos de trabajo mientras estén en el Gobierno. La Constitución Española prohíbe terminantemente ser a la vez Presidente y director de una empresa. Los cargos del Gobierno requieren una dedicación exclusiva a España, pensando las veinticuatro horas del día en nuestro país.

> *4. La ley regulará el estatuto e incompatibilidades de los miembros del Gobierno.*

Artículo 99
EL NOMBRAMIENTO DEL PRESIDENTE DEL GOBIERNO.

> *1. Después de cada renovación del Congreso de los Diputados, y en los demás supuestos constitucionales en que así proceda, el Rey, previa consulta con los representantes designados por los Grupos políticos con representación parlamentaria, y a través del Presidente del Congreso, propondrá un candidato a la Presidencia del Gobierno.*

Su Majestad el Rey don Felipe VI propondrá un candidato para que sea el Presidente del Gobierno.

> *2. El candidato propuesto conforme a lo previsto en el apartado anterior expondrá ante el Congreso de los Diputados el programa político*

> *del Gobierno que pretenda formar y solicitará la confianza de la Cámara.*

El candidato deberá presentar su ideario político en el Congreso de los Diputados donde también pedirá el voto a todos los Diputados.
EL VOTO DE INVESTIDURA.

> *3. Si el Congreso de los Diputados, por el voto de la mayoría absoluta de sus miembros, otorgare su confianza a dicho candidato, el Rey le nombrará Presidente. De no alcanzarse dicha mayoría, se someterá la misma propuesta a nueva votación cuarenta y ocho horas después de la anterior, y la confianza se entenderá otorgada si obtuviere la mayoría simple.*

El candidato será nombrado Presidente del Gobierno en el caso de que tuviera la mitad más uno de los votos de los Diputados. De no ser así, no habiendo conseguido dicha mayoría absoluta, el candidato deberá presentarse a una segunda votación. Pero esta vez, para ser Presidente, solo necesitará más votos favorables que votos en contra, es decir, la mayoría simple que puede darle la Presidencia al candidato.

> *4. Si efectuadas las citadas votaciones no se otorgase la confianza para la investidura, se tramitarán sucesivas propuestas en la forma prevista en los apartados anteriores.*

> *5. Si transcurrido el plazo de dos meses, a partir de la primera votación de investidura, ningún candidato hubiere obtenido la confianza del Congreso, el Rey disolverá ambas Cámaras y convocará nuevas elecciones con el refrendo del Presidente del Congreso.*

Artículo 100
EL NOMBRAMIENTO DE LOS MINISTROS.

> *Los demás miembros del Gobierno serán nombrados y separados por el Rey, a propuesta de su Presidente.*

Cada Ministro es elegido o cesado por el Presidente del Gobierno. Los ministros tienen una condición política y administrativa: desarrollan la acción del Gobierno a través de su Ministerio, siguiendo las directrices del Presidente y/o aplicando los acuerdos adoptados en Consejo de Ministros; ejercen sus funciones de acuerdo al reglamento propio de cada Ministerio; y ejercen el resto de competencias que le atribuyen las leyes.

La estructura más frecuente de un Ministerio, de mayor a menor rango competencial, es la siguiente:

- Ministro (órgano superior del Ministerio y alto cargo).
- Secretario de Estado (órgano superior de la Secretaría de Estado y alto cargo).
- Subsecretario (órgano directivo y alto cargo).
- Secretario General (órgano directivo y alto cargo).
- Secretario General Técnico (órgano directivo y alto cargo).
- Director General (órgano directivo y alto cargo).
- Subdirector General (órgano directivo de la Subdirección General con sus Áreas, Servicios, Secciones y Negociados).

Artículo 101
EL CESE DEL GOBIERNO.

1. El Gobierno cesa tras la celebración de elecciones generales, en los casos de pérdida de la confianza parlamentaria previstos en la Constitución, o por dimisión o fallecimiento de su Presidente.

El cambio del Gobierno se produce si hay nuevas elecciones, si el Gobierno pierde el apoyo del Congreso de los Diputados, si el Presidente presenta su dimisión o si él muere.

2. El Gobierno cesante continuará en funciones hasta la toma de posesión del nuevo Gobierno.

El Gobierno de España nunca puede dejar de funcionar, esté o no en funciones; la Administración Pública siempre estará dirigida por el Gobierno.

Artículo 102
RESPONSABILIDAD DE LOS MIEMBROS DEL GOBIERNO.

1. La responsabilidad criminal del Presidente y los demás miembros del Gobierno será exigible, en su caso, ante la Sala de lo Penal del Tribunal Supremo.

Solamente los Jueces del Tribunal Supremo podrán juzgar, por un presunto delito, al Presidente, al Vicepresidente y a cualquier Ministro.

2. Si la acusación fuere por traición o por cualquier delito contra la seguridad del Estado en el ejercicio de sus funciones, sólo podrá ser planteada por iniciativa de la cuarta parte de los miembros del Congreso, y con la aprobación de la mayoría absoluta del mismo.

La traición a los preceptos constitucionales del Estado es propia de gobiernos populistas dirigidos por fascistas, republicanos infiltrados, comunistas, rojos y podemitas: seudopolíticos que asaltan las instituciones del Estado a través del voto cautivo o el voto ignorante, con el único propósito de desobedecer la Carta Magna y así instaurar una dictadura o la tercera república en España. Los traidores a la Patria representan a ese gangrenoso rojerío inmundo que permanece enquistado en la democracia española desde tiempos inmemoriales. Esos, los otros, una rancia pero virulenta minoría de malos políticos, son una amenaza constante para la estabilidad democrática de España. La desobediencia en un Estado de Derecho no es una opción, sino una traición: todos los españoles de pro acatamos, legitimamos y obedecemos cada Artículo de la Constitución Española, haciendo Patria con ello, enorgulleciéndonos de nuestra gran Nación, la eterna España mientras cumplamos fielmente la Carta Magna a perpetuidad: *plus ultra*. Porque la Constitución Española es un espejo que refleja la España verdadera, la histórica, la cotidiana, la soberana, la "Real" por su Corona: el país que fuimos, somos y seremos. «¡Viva el Rey! ¡Viva España!».

3. La prerrogativa real de gracia no será aplicable a ninguno de los supuestos del presente Artículo.

Artículo 103
LA ADMINISTRACIÓN PÚBLICA.

1. La Administración Pública sirve con objetividad los intereses generales y actúa de acuerdo con los principios de eficacia, jerarquía, descentralización, desconcentración y coordinación, con sometimiento pleno a la ley y al Derecho.

La Administración Pública se encarga de trabajar por los intereses de todos los ciudadanos; es la parte no política del Poder Ejecutivo, compuesta por instituciones y organismos donde sus funcionarios gestionan los servicios públicos según la dirección política del Gobierno.

Los principios constitucionales que debe cumplir la Administración Pública española en cualquiera de sus actuaciones son:

- Principio de "eficacia": todos los trabajos se harán de manera eficiente, con el menor coste económico posible, obteniendo siempre el mejor resultado; con el menor tiempo posible, reduciendo los trámites al mínimo; trabajando con diligencia y absoluta amabilidad.
- Principio de "jerarquía": todos los órganos superiores dirigirán, vigilarán, corregirán, controlarán y resolverán los posibles conflictos

entre sus órganos inferiores; la unidad de mando administrativo se logrará gracias a dicha escala de mayor a menor rango donde un órgano de la Administración Pública se subordinará a otro.
- Principio de "descentralización": supone el traspaso de las competencias administrativas de los órganos de una Administración Pública del Estado a otra distinta como la de una Comunidad Autónoma, al igual que el traspaso de una autonómica a otra local como un Ayuntamiento. Si el Estado transfiere competencias a la Comunidad Autónoma de Cataluña, esta deberá ejercer dichas competencias como propias y al margen de cualquier fiscalización estatal, pero en caso de producirse graves irregularidades administrativas o desafíos secesionistas o independentistas se aplicará el Artículo 155.
- Principio de "desconcentración": se trata de transferir permanentemente funciones de los órganos superiores a los órganos inferiores como es la transferencia de funciones de los órganos centrales del Estado a un órgano periférico en una Comunidad Autónoma en la figura del Delegado del Gobierno.
- Principio de "coordinación": implica evitar duplicidades en las actuaciones de la Administración Pública; se realizan acciones administrativas de manera conjunta.

2. *Los órganos de la Administración del Estado son creados, regidos y coordinados de acuerdo con la ley.*

De esta manera, los ciudadanos se aseguran de que la Administración Pública actúa desde la legalidad.

La Administración Pública española, de mayor a menor rango, es la siguiente:

1.º Administración General del Estado:
- Órganos centrales cuyas competencias se extienden a toda España, es el Gobierno de la Nación compuesto de:
  - Presidente del Gobierno (Presidencia).
  - Vicepresidente/s (Vicepresidencia).
  - Ministros (Ministerios).
- Órganos periféricos cuyas competencias se focalizan en una parte de España:
  - Delegado del Gobierno en una Comunidad Autónoma (Delegación del Gobierno).
  - Subdelegado del Gobierno en una provincia (Subdelegación del Gobierno).
- Órganos en el exterior cuya misión es la representación de España ante otros Estados y organismos internacionales:

- Embajador (Embajada).
- Cónsul (Consulado).
- Representante permanente.
- Organismos públicos cuya demarcación territorial es variable:
    - Organismo autónomo (BOE, INEM).
    - Entidad pública empresarial (RTVE).

2.º Administración Autonómica:
- Órganos autonómicos cuyas competencias se focalizan en la propia Comunidad Autónoma:
    - Consejo de Gobierno con Presidente, Vicepresidente/s y Consejeros.
    - Consejerías.

3.º Administración local:
- Órganos necesarios provinciales cuyas competencias se focalizan en la propia provincia:
    - Presidente de la Diputación Provincial.
    - Vicepresidentes.
    - Pleno de la Diputación.
    - Comisión de Gobierno provincial.
- Órganos necesarios municipales cuyas competencias son las propias de un municipio:
    - Alcalde del Ayuntamiento.
    - Tenientes de Alcalde.
    - Pleno del Ayuntamiento.
    - Comisión de Gobierno municipal (normalmente en municipios con más de cinco mil habitantes).
- Regímenes locales especiales creados por las Comunidades Autónomas:
    - Comarca.
    - Área metropolitana.
    - Mancomunidad de municipios.
    - Aldea.
    - Pedanía.

EL ESTATUTO DE LOS FUNCIONARIOS PÚBLICOS.

3. La ley regulará el estatuto de los funcionarios públicos, el acceso a la función pública de acuerdo con los principios de mérito y capacidad, las peculiaridades del ejercicio de su derecho a sindicación, el

> *sistema de incompatibilidades y las garantías para la imparcialidad en el ejercicio de sus funciones.*

Siendo el funcionario un trabajador de la Administración Pública, la ley especificará cómo un español puede ser funcionario, concretando también sus derechos y sus obligaciones.

Artículo 104
LAS FUERZAS Y CUERPOS DE SEGURIDAD DEL ESTADO.

> *1. Las Fuerzas y Cuerpos de seguridad, bajo la dependencia del Gobierno, tendrán como misión proteger el libre ejercicio de los derechos y libertades y garantizar la seguridad ciudadana.*

La Guardia Civil y la Policía (Nacional, Local y Autonómica) componen las Fuerzas y Cuerpos de Seguridad del Estado, las cuales están bajo las órdenes del Gobierno y al servicio de las Administraciones Públicas de España. La Guardia Civil y la Policía mantienen la seguridad en todo el territorio nacional, protegiendo a los ciudadanos durante las veinticuatro horas de todos los días del año: un español puede vivir tranquilo, seguro y protegido gracias a nuestro avanzado Estado democrático-policial. Ellos se mantienen en alerta constante, vigilando sin tregua, logrando que España sea unos de los países más seguros del mundo, garantizando la convivencia pacífica de los ciudadanos españoles, impidiendo la delincuencia. Ellos salvaguardan el imperio de la Ley. Nadie está indefenso en España: la Policía y la Guardia Civil están para protegernos y auxiliarnos en cualquier situación de amenaza, agresión, robo, intimidación, etcétera. Ellos nos garantizan un espacio público seguro tras el umbral de nuestros hogares. Y, de no ser así, acudirán rápidamente a nuestra llamada de emergencia o socorro: el 091 o el 112 son números telefónicos que pueden salvarnos la vida. Cuando alguien pretende agredirnos o asesinarnos, hay que contactar inmediatamente con las Fuerzas y Cuerpos de Seguridad del Estado. La Policía y la Guardia Civil son nuestros ángeles custodios reales.

> *2. Una ley orgánica determinará las funciones, principios básicos de actuación y estatutos de las Fuerzas y Cuerpos de seguridad.*

Artículo 105
LA PARTICIPACIÓN DE LOS CIUDADANOS.

> *La ley regulará:*
> *a) La audiencia de los ciudadanos, directamente o a través de las organizaciones y asociaciones reconocidas por la ley, en el procedi-*

miento de elaboración de las disposiciones administrativas que les afecten.

b) El acceso de los ciudadanos a los archivos y registros administrativos, salvo en lo que afecte a la seguridad y defensa del Estado, la averiguación de los delitos y la intimidad de las personas.

c) El procedimiento a través del cual deben producirse los actos administrativos, garantizando, cuando proceda, la audiencia del interesado.

Los españoles, según los límites establecidos por la ley, pueden presentar propuestas para mejorar la normativa de la Administración Pública. Se trata de un trámite de audiencia, durante un periodo determinado de información pública, que permite a la persona afectada exponer sus planteamientos en contra o a favor del texto administrativo proyectado.

Los ciudadanos tienen derecho a pedir algunos documentos de la Administración Pública como los que detallan el sueldo justo de los Diputados y los Senadores. Hay un acceso libre a cualquier archivo público mientras no esté considerado como un secreto oficial, porque desvelar determinados documentos oficiales puede ser peligroso para la seguridad nacional o poner en riesgo la intimidad de otra persona.

Artículo 106
EL CONTROL JUDICIAL DE LA ADMINISTRACIÓN.

1. Los Tribunales controlan la potestad reglamentaria y la legalidad de la actuación administrativa, así como el sometimiento de ésta a los fines que la justifican.

Los Jueces se encargarán de controlar todos los trabajos de la Administración Pública para que no actúen arbitrariamente y no se produzcan anomalías administrativas.

2. Los particulares, en los términos establecidos por la ley, tendrán derecho a ser indemnizados por toda lesión que sufran en cualquiera de sus bienes y derechos, salvo en los casos de fuerza mayor, siempre que la lesión sea consecuencia del funcionamiento de los servicios públicos.

Cualquier ciudadano podrá denunciar a la Administración Pública si piensa que esta no respeta sus derechos o daña a sus bienes, pudiendo ser indemnizado cuando la Justicia lo determine; en España es de obligado cumplimiento que la Administración Pública responda a sus actos en todo momento.

Artículo 107
EL CONSEJO DE ESTADO.

> *El Consejo de Estado es el supremo órgano consultivo del Gobierno. Una ley orgánica regulará su composición y competencia.*

El Consejo de Estado es la institución más importante que da consejos al Gobierno sobre asuntos, normas y decisiones claves.

La estructura organizativa del Consejo de Estado es la siguiente:

- Consejo de Estado en Pleno:
  - Presidente.
  - Consejeros permanentes.
  - Consejeros natos.
  - Consejeros electivos.
  - Secretario general.
- Comisión Permanente:
  - Presidente.
  - Consejeros permanentes.
  - Secretario general.
- Comisión de Estudios:
  - Presidente del Consejo de Estado.
  - Consejeros permanentes.
  - Consejeros natos.
  - Consejeros electivos.
  - Secretario general.
- Secciones:
  - Sección Primera: asuntos de Presidencia del Gobierno, de Ministerios de la Presidencia y Administraciones Territoriales, Exteriores y Cooperación.
  - Sección Segunda: asuntos de Ministerios Justicia, Empleo...
  - Sección Tercera: asuntos de Ministerio Interior.
  - Sección Cuarta: asuntos de Ministerio Defensa, Turismo, Economía...
  - Sección Quinta: asuntos de Ministerio Industria, Hacienda...
  - Sección Sexta: asuntos de Ministerio de Fomento.
  - Sección Séptima: asuntos de Ministerio Educación, Sanidad...
  - Sección Octava: asuntos de Ministerio de Medio Ambiente...
- Secretario General:
  - Estructura Administrativa.
- Letrados del Consejo de Estado.

Título V

De las relaciones entre el Gobierno y las Cortes Generales

En el Título V se presentan los instrumentos para que el Gobierno actúe con responsabilidad política en consonancia con el régimen parlamentario; se trata de establecer cuáles son las relaciones entre el Poder Ejecutivo del Gobierno y las Cortes Generales.

Artículo 108
LA RESPONSABILIDAD DEL GOBIERNO ANTE EL PARLAMENTO.

> El Gobierno responde solidariamente en su gestión política ante el Congreso de los Diputados.

El Presidente, los Vicepresidentes y cada Ministro son responsables de todas las decisiones que toma su propio Gobierno, por lo que están obligados a dar explicaciones ante el Congreso de los Diputados y el Senado.

Artículo 109
EL DERECHO DE INFORMACIÓN DE LAS CÁMARAS.

> Las Cámaras y sus Comisiones podrán recabar, a través de los Presidentes de aquéllas, la información y ayuda que precisen del Gobierno y de sus Departamentos y de cualesquiera autoridades del Estado y de las Comunidades Autónomas.

El Congreso de los Diputados y el Senado podrán solicitar cualquier información al Gobierno y a las Comunidades Autónomas sobre las decisiones que tomen y sobre sus actividades. Dicho poder de información permite controlar constantemente al Gobierno y a las Comunidades Autónomas.

Artículo 110
EL GOBIERNO EN LAS CÁMARAS.

1. Las Cámaras y sus Comisiones pueden reclamar la presencia de los miembros del Gobierno.

El Congreso de los Diputados y el Senado podrán llamar al Presidente, a los Vicepresidentes o a cualquier Ministro para que expliquen sus decisiones tomadas; podrán hacerlo a través de un Pleno o una Comisión.

2. Los miembros del Gobierno tienen acceso a las sesiones de las Cámaras y a sus Comisiones y la facultad de hacerse oír en ellas, y podrán solicitar que informen ante las mismas funcionarios de sus Departamentos.

El Gobierno, cuando quiera información de las actividades del Parlamento, podrá acudir a las reuniones del Congreso y del Senado para solicitar la palabra y pedir explicaciones.

Artículo 111
LAS INTERPELACIONES Y LAS PREGUNTAS.

1. El Gobierno y cada uno de sus miembros están sometidos a las interpelaciones y preguntas que se le formulen en las Cámaras. Para esta clase de debate los Reglamentos establecerán un tiempo mínimo semanal.

El Gobierno deberá responder semanalmente a las preguntas que les formulen los miembros del Congreso y del Senado.

2. Toda interpelación podrá dar lugar a una moción en la que la Cámara manifieste su posición.

El Gobierno deberá responder a cualquier tema político debatido en el Congreso y en el Senado; un Diputado o un Senador preguntará sobre las decisiones y los trabajos llevados a cabo por el Gobierno, el cual tiene la obligación de responder.

Si se trata de una interpelación (asuntos trascendentes en la actividad política general) en vez de una pregunta (asuntos muy concretos sin gran trascendencia en la actividad política general), el Congreso o el Senado podrán votar una moción: se hará una petición o una propuesta al Gobierno que, por su parte, no estará obligado formalmente a cumplir cuando haya una votación favorable de la Cámara.

Artículo 112
LA CUESTIÓN DE CONFIANZA.

> *El Presidente del Gobierno, previa deliberación del Consejo de Ministros, puede plantear ante el Congreso de los Diputados la cuestión de confianza sobre su programa o sobre una declaración de política general. La confianza se entenderá otorgada cuando vote a favor de la misma la mayoría simple de los Diputados.*

El Presidente del Gobierno podrá proponer al Congreso una cuestión de confianza, y así preguntar a todos los Diputados si le dan la confianza para seguir gobernando el país o para una decisión importantísima de su propio programa político. El Presidente conseguiría la confianza cuando tuviera más votos favorables de los Diputados que en contra: el Presidente necesitaría la mayoría simple. Y, en el caso de que el Presidente tuviera más votos de los Diputados en contra, deberá dejar su cargo.

Artículo 113
LA MOCIÓN DE CENSURA.

> *1. El Congreso de los Diputados puede exigir la responsabilidad política del Gobierno mediante la adopción por mayoría absoluta de la moción de censura.*

El Congreso de los Diputados puede solicitar la salida del Presidente del Gobierno: es lo que se denomina moción de censura, y es un mecanismo para exigir responsabilidades políticas al Gobierno. Esto implica que los Diputados deberán proponer el nombre de un nuevo Presidente, y en el caso de que ganasen por mayoría absoluta, la mitad de los votos a favor más uno, la moción de censura se daría por ganada.

Las mociones de censura deben ser constructivas, con el propósito de mejorar la gobernabilidad de España. Porque en los últimos años se han planteado mociones de censura por parte de podemitas cuyo único fin era sacar rédito electoral y protagonismo político.

> *2. La moción de censura deberá ser propuesta al menos por la décima parte de los Diputados, y habrá de incluir un candidato a la Presidencia del Gobierno.*

> *3. La moción de censura no podrá ser votada hasta que transcurran cinco días desde su presentación. En los dos primeros días de dicho plazo podrán presentarse mociones alternativas.*

> 4. *Si la moción de censura no fuera aprobada por el Congreso, sus signatarios no podrán presentar otra durante el mismo período de sesiones.*

Artículo 114
LA DIMISIÓN DEL GOBIERNO.

> 1. *Si el Congreso niega su confianza al Gobierno, éste presentará su dimisión al Rey, procediéndose a continuación a la designación de Presidente del Gobierno según lo dispuesto en el Artículo 99.*

Si el Presidente del Gobierno perdiera una cuestión de confianza, deberá dejar su puesto. Entonces se esperará a que Su Majestad el Rey don Felipe VI proponga al Congreso de los Diputados un nuevo Presidente del Gobierno.

> 2. *Si el Congreso adopta una moción de censura, el Gobierno presentará su dimisión al Rey y el candidato incluido en aquélla se entenderá investido de la confianza de la Cámara a los efectos previstos en el Artículo 99. El Rey le nombrará Presidente del Gobierno.*

En el caso de que los Diputados ganasen una moción de censura, el Presidente del Gobierno deberá abandonar su cargo para ser sustituido por el candidato previamente elegido por el Congreso para ser el nuevo Presidente del Gobierno.

Artículo 115
LA DISOLUCIÓN DE LAS CÁMARAS.

> 1. *El Presidente del Gobierno, previa deliberación del Consejo de Ministros, y bajo su exclusiva responsabilidad, podrá proponer la disolución del Congreso, del Senado o de las Cortes Generales, que será decretada por el Rey. El decreto de disolución fijará la fecha de las elecciones.*

Su Majestad el Rey don Felipe VI es quien disuelve el Congreso de los Diputados y el Senado para convocar las elecciones, y lo hace a propuesta del Presidente del Gobierno.

> 2. *La propuesta de disolución no podrá presentarse cuando esté en trámite una moción de censura.*

El Congreso de los Diputados jamás podrá disolverse cuando haya una moción de censura en curso.

> 3. *No procederá nueva disolución antes de que transcurra un año desde la anterior, salvo lo dispuesto en el Artículo 99, apartado 5.*

Tras unas elecciones, las posteriores elecciones podrán ser cuando el Congreso de los Diputados esté en desacuerdo para elegir al nuevo Presidente del Gobierno (tras dos meses transcurridos después de las últimas elecciones pasadas) o cuando el Congreso de los Diputados elija un nuevo Presidente del Gobierno (tras un año transcurrido después de las últimas elecciones pasadas).

Artículo 116

> *1. Una ley orgánica regulará los estados de alarma, de excepción y de sitio, y las competencias y limitaciones correspondientes.*

EL ESTADO DE ALARMA.

> *2. El estado de alarma será declarado por el Gobierno mediante decreto acordado en Consejo de Ministros por un plazo máximo de quince días, dando cuenta al Congreso de los Diputados, reunido inmediatamente al efecto y sin cuya autorización no podrá ser prorrogado dicho plazo. El decreto determinará el ámbito territorial a que se extienden los efectos de la declaración.*

La efectividad del estado de alarma fue ejemplar durante la crisis sanitaria de 2020 a causa del coronavirus o covid-19, debido a una pandemia que azotó especialmente a España por la prepotencia, la ignorancia, la inacción y la falta de previsión de un Gobierno socialista y podemita durante las primeras semanas claves de dicha enfermedad epidémica que ya había golpeado duramente a China. La aplicación del estado de alarma puso fin a la demagogia podemita que inicialmente priorizó su ideología seudofeminista, comunista y bolivariana sobre criterios sanitarios y científicos ante la pandemia que terminó asolando España con decenas de miles de muertos y de personas que quedaron con graves secuelas respiratorias.

EL ESTADO DE EXCEPCIÓN.

> *3. El estado de excepción será declarado por el Gobierno mediante decreto acordado en Consejo de Ministros, previa autorización del Congreso de los Diputados. La autorización y proclamación del estado de excepción deberá determinar expresamente los efectos del mismo, el ámbito territorial a que se extiende y su duración, que no podrá exceder de treinta días, prorrogables por otro plazo igual, con los mismos requisitos.*

EL ESTADO DE SITIO.

> *4. El estado de sitio será declarado por la mayoría absoluta del Congreso de los Diputados, a propuesta exclusiva del Gobierno. El Congreso determinará su ámbito territorial, duración y condiciones.*

> *5. No podrá procederse a la disolución del Congreso mientras estén declarados algunos de los estados comprendidos en el presente Artículo, quedando automáticamente convocadas las Cámaras si no estuvieren en período de sesiones. Su funcionamiento, así como el de los demás poderes constitucionales del Estado, no podrán interrumpirse durante la vigencia de estos estados.*
> *Disuelto el Congreso o expirado su mandato, si se produjere alguna de las situaciones que dan lugar a cualquiera de dichos estados, las competencias del Congreso serán asumidas por su Diputación Permanente.*

Ante situaciones gravísimas, como una catástrofe natural de proporciones regionales o una crisis muy grave de seguridad nacional, el Gobierno y el Congreso de los Diputados podrán limitar e incluso anular temporalmente determinados derechos ciudadanos. Pero en ningún caso, sea cual sea la gravedad de lo ocurrido, jamás se disolverá el Congreso de los Diputados.

> *6. La declaración de los estados de alarma, de excepción y de sitio no modificarán el principio de responsabilidad del Gobierno y de sus agentes reconocidos en la Constitución y en las leyes.*

Título VI

Del Poder Judicial

El Título VI especifica el tercer poder del Estado: el Poder Judicial, que aplica las leyes en los juicios; ante dos partes enfrentadas en un juicio, será el Juez quien aplique la ley para resolver un conflicto. Los juicios se celebran en los juzgados (donde hay un solo Juez para cada juicio) y en los Tribunales (donde hay varios Jueces o Magistrados para un solo juicio). Dichos juzgados y Tribunales se ordenan según la importancia del caso: los juzgados de Primera Instancia e Instrucción son los principales para una ciudad, la Audiencia Provincial es la principal en cada provincia, el Tribunal Superior de Justicia es el principal en cada Comunidad Autónoma, y el Tribunal Supremo es el principal para toda España. La organización metódica del trabajo de los Jueces y Fiscales se lleva a cabo gracias al Gobierno del Consejo General de Poder Judicial.

La jerarquía de los Tribunales y juzgados de España, de mayor a menor rango, es la siguiente:

1.º Tribunal Supremo (jurisdicción en toda España):
- Salas ordinarias:
    - Sala 1.ª de lo Civil.
    - Sala 2.ª de lo Penal.
    - Sala 3.ª de lo Contencioso-Administrativo.
    - Sala 4.ª de lo Social.
    - Sala 5.ª de lo Militar.
- Salas especiales:
    - Tribunal de Conflictos de Jurisdicción.
    - Sala de Conflictos de Jurisdicción.
    - Sala de Conflictos de Competencias.
    - Sala Especial del artículo 61 LOPJ.

2.º Audiencia Nacional (jurisdicción en toda España):
- Salas de lo Penal.
- Salas de lo Contencioso-Administrativo.
- Sala de lo Social Única.

- Juzgado de lo Penal.
- Juzgados Centrales de Instrucción.

3.º Tribunales Superiores de Justicia de las Comunidades Autónomas (jurisdicción solo en la propia Comunidad Autónoma) con las mismas salas que el Tribunal Supremo.

4.º Audiencias Provinciales (jurisdicción solo en la propia provincia):
- Juzgados de lo Contencioso-Administrativo.
- Juzgados de lo Social.
- Juzgados de Vigilancia Penitenciaria.
- Juzgados de Menores.

5.º Juzgados de Primera Instancia e Instrucción (jurisdicción en una comarca cuya cabecera es el partido judicial).

6.º Juzgados de Paz (jurisdicción municipal donde no hay Juzgado de Primera Instancia e Instrucción).

Artículo 117
LA INDEPENDENCIA DE LA JUSTICIA

1. La justicia emana del pueblo y se administra en nombre del Rey por Jueces y Magistrados integrantes del poder judicial, independientes, inamovibles, responsables y sometidos únicamente al imperio de la Ley.

La Justicia española emana de sus ciudadanos españoles, administrándose en nombre de Su Majestad el Rey don Felipe VI y para todo el territorio nacional. Este Poder Judicial está configurado por los Jueces, los cuales son independientes (no pertenecen a ningún partido político ni obedecen al Gobierno) e inamovibles (nadie puede despedirlos ni cambiarlos de un sitio a otro arbitrariamente).

LA INAMOVILIDAD DE LOS JUECES Y LOS MAGISTRADOS.

2. Los Jueces y Magistrados no podrán ser separados, suspendidos, trasladados ni jubilados, sino por alguna de las causas y con las garantías previstas en la ley.

3. El ejercicio de la potestad jurisdiccional en todo tipo de procesos, juzgando y haciendo ejecutar lo juzgado, corresponde exclusivamente a los Juzgados y Tribunales determinados por las leyes, según las normas de competencia y procedimiento que las mismas establezcan.

Todos los Jueces se encargan de aplicar la ley en cada juicio y de tomar una decisión o sentencia sobre los mismos juicios. Además, los Jueces se encargarán de vigilar el cumplimiento de cada sentencia. Por lo tanto, en España solo pueden juzgar los Jueces en sus juzgados y los Tribunales a través de sus Magistrados.

> *4. Los Juzgados y Tribunales no ejercerán más funciones que las señaladas en el apartado anterior y las que expresamente les sean atribuidas por ley en garantía de cualquier derecho.*

La eficaz e independiente labor de los jueces españoles se debe a que se aplica la Justicia de acuerdo al imperio de la Ley. La Justicia española es la primera institución en cumplir la Ley con mayúscula, dando buen ejemplo de ello con el cumplimiento primordial de la Constitución Española en cada juicio.

LA UNIDAD JURISDICCIONAL.

> *5. El principio de unidad jurisdiccional es la base de la organización y funcionamiento de los Tribunales. La ley regulará el ejercicio de la jurisdicción militar en el ámbito estrictamente castrense y en los supuestos de estado de sitio, de acuerdo con los principios de la Constitución.*

Todos los juicios en España tienen las mismas garantías procesales, a excepción de los que se produzcan en la jurisdicción militar.

> *6. Se prohíben los Tribunales de excepción.*

Artículo 118
LA COLABORACIÓN CON LA JUSTICIA.

> *Es obligado cumplir las sentencias y demás resoluciones firmes de los Jueces y Tribunales, así como prestar la colaboración requerida por éstos en el curso del proceso y en la ejecución de lo resuelto.*

Todos los ciudadanos deberán cumplir las órdenes y las sentencias de los Jueces y los Tribunales españoles. Porque España es uno de los pocos países del mundo donde se aplica una Justicia verdaderamente justa y universal. Así, los catalanes y los vascos, al igual que los ciudadanos de cualquier lugar del territorio nacional, acatarán y legitimarán todas y cada una de las sentencias judiciales del Estado español, mostrando así el merecido respeto a la Corona y a la Nación española. Porque simbólicamente Su Majestad el Rey don Felipe VI y soberanamente los ciudadanos de la Patria española imparten Justicia de manera inequívoca para salvaguardar los derechos y los deberes de todos los españoles en cualquier región de España. Luego cumplir con el imperio de la Ley en España es un derecho y un deber constitucional de primer orden. No acatar ni legitimar las sentencias judiciales debe considerarse una traición a la Corona, un peligroso acto de desobediencia a las instituciones del Estado y una grave amenaza a los valores democráticos de España.

Los Jueces y Magistrados españoles siempre han actuado y actuarán de buena fe, con una imparcialidad incuestionable, garantizando la democracia en España, con efectividad patriótica, defendiendo el interés de toda la Nación española, etcétera. Ellos son los ángeles custodios de la Justicia española.

Artículo 119
LA GRATUIDAD DE LA JUSTICIA.

La justicia será gratuita cuando así lo disponga la ley y, en todo caso, respecto de quienes acrediten insuficiencia de recursos para litigar.

La justicia será gratuita para todos los ciudadanos que tengan poco dinero o sean insolventes o pobres de solemnidad. Y, en general, la gratuidad de la justicia se aplicará según estipulen las leyes.

Artículo 120
LA PUBLICIDAD DE LAS ACTUACIONES JUDICIALES.

1. Las actuaciones judiciales serán públicas, con las excepciones que prevean las leyes de procedimiento.

Los juicios, al abrir sus puertas de par en par, expresan la igualdad de trato a todos los encausados, la imparcialidad de nuestra Justicia y la transparencia del mismo sistema judicial español.

2. El procedimiento será predominantemente oral, sobre todo en materia criminal.

Las personas participantes en un juicio deberán hablar ante un Juez, principalmente cuando se trate de un juicio por delitos como matar o robar. Así, la Justicia es más rápida y eficiente que cualquier procedimiento judicial escrito.

3. Las sentencias serán siempre motivadas y se pronunciarán en audiencia pública.

Los motivos de las sentencias judiciales deberán ser explicados por los Jueces.

Artículo 121
LA INDEMNIZACIÓN POR ERRORES JUDICIALES.

Los daños causados por error judicial, así como los que sean consecuencia del funcionamiento anormal de la Administración de Justicia, darán derecho a una indemnización a cargo del Estado, conforme a la ley.

En España es prácticamente imposible que se cometa un error judicial, porque tenemos un sistema judicial preciso e inequívoco. Pero, en el supuesto caso de que un Juez se equivoque o se produzca un error grave en cualquier trámite de la Administración de Justicia, el ciudadano afectado tendrá derecho a ser indemnizado por el Gobierno.

Artículo 122
LOS JUZGADOS Y LOS TRIBUNALES.

1. La ley orgánica del poder judicial determinará la constitución, funcionamiento y gobierno de los Juzgados y Tribunales, así como el estatuto jurídico de los Jueces y Magistrados de carrera, que formarán un Cuerpo único, y del personal al servicio de la Administración de Justicia.

EL CONSEJO GENERAL DEL PODER JUDICIAL.

2. El Consejo General del Poder Judicial es el órgano de gobierno del mismo. La ley orgánica establecerá su estatuto y el régimen de incompatibilidades de sus miembros y sus funciones, en particular en materia de nombramientos, ascensos, inspección y régimen disciplinario.

El Consejo General del Poder Judicial gobernará los Juzgados y los Tribunales de España, decidiendo cuáles serán los destinos de los Jueces, quién será ascendido y cuál sería el castigo para el Juez que incumpliera las normas.

3. El Consejo General del Poder Judicial estará integrado por el Presidente del Tribunal Supremo, que lo presidirá, y por veinte miembros nombrados por el Rey, por un período de cinco años. De éstos, doce entre Jueces y Magistrados de todas las categorías judiciales, en los términos que establezca la ley orgánica; cuatro a propuesta del Congreso de los Diputados y cuatro a propuesta del Senado, elegidos en ambos casos por mayoría de tres quintos de sus miembros, entre abogados y otros juristas, todos ellos de reconocida competencia y con más de quince años de ejercicio en su profesión.

El Presidente del Tribunal Supremo será el Presidente del Consejo General del Poder Judicial, el cual tendrá veinte miembros elegidos: los Jueces elegirán gran parte de los miembros, el Congreso de los Diputados elegirá otra parte menor y el Senado elegirá el resto de los miembros.

La estructura organizativa del Consejo General del Poder Judicial es la siguiente:

1.º Presidente (el mismo que el del Tribunal Supremo):
- Sección Disciplinaria.
- Sección de Calificación.
- Pleno del Consejo.
- Comisión Permanente:
    - Presidente.
    - Cuatro Vocales.
- Secretaría General:
    - Gabinete Técnico.
    - Personal.
    - Gestión Económica.
    - Inspección.

Artículo 123
EL TRIBUNAL SUPREMO.

1. El Tribunal Supremo, con jurisdicción en toda España, es el órgano jurisdiccional superior en todos los órdenes, salvo lo dispuesto en materia de garantías constitucionales.

El Tribunal Supremo es la institución judicial más importante de España; solo el Tribunal Constitucional está por encima al ser la salvaguarda de la Constitución Española.

La estructura organizativa del Tribunal Supremo se ha especificado al principio de este Título VI.

2. El Presidente del Tribunal Supremo será nombrado por el Rey, a propuesta del Consejo General del Poder Judicial, en la forma que determine la ley.

Artículo 124
EL MINISTERIO FISCAL.

1. El Ministerio Fiscal, sin perjuicio de las funciones encomendadas a otros órganos, tiene por misión promover la acción de la justicia en defensa de la legalidad, de los derechos de los ciudadanos y del interés público tutelado por la ley, de oficio o a petición de los interesados, así como velar por la independencia de los Tribunales y procurar ante éstos la satisfacción del interés social.

Gracias al Ministerio Fiscal, se defiende de manera efectiva la aplicación de los derechos fundamentales y las libertades públicas en todo el territorio nacional. Los Fiscales vigilarán el cumplimiento del imperio de la Ley española, muy pendientes de los Jueces para que continúen siendo imparciales como siempre.

2. El Ministerio Fiscal ejerce sus funciones por medio de órganos propios conforme a los principios de unidad de actuación y dependencia jerárquica y con sujeción, en todo caso, a los de legalidad e imparcialidad.

La organización del Ministerio Fiscal es la siguiente:
- Fiscal General del Estado.
- Fiscalía General del Estado:
    - Fiscal General.
    - Inspección Fiscal:
      . Fiscal de Sala Jefe Inspector.
      . Teniente Fiscal Inspector.
    - Secretaría Técnica:
      . Fiscal de Sala Jefe.
      . Teniente Fiscal.
    - Unidad de Apoyo:
      . Fiscal de Sala Jefe.
    - Fiscales de Sala Especialistas:
      . Fiscal contra la Violencia sobre la Mujer.
      . Fiscal de Medio Ambiente y Urbanismo.
      . Fiscal de Protección y Reforma de Menores.
      . Fiscal de Siniestralidad Laboral.
      . Fiscal de Seguridad Vial.
      . Fiscal de Extranjería.
      . Fiscal de Cooperación Penal Internacional.
      . Fiscal de Criminalidad Informática.

- Consejo Fiscal:
  - Fiscal General del Estado.
  - Teniente Fiscal del Tribunal Supremo.
  - Fiscal Inspector Jefe.
  - Fiscales varios.
- Junta de Fiscales de Sala:
  - Fiscal General del Estado.
  - Teniente Fiscal del Tribunal Supremo.
  - Fiscales de Sala.
  - Secretario (Fiscal Jefe de la Secretaría Técnica).
- Junta de Fiscales Superiores de las Comunidades Autónomas:
  - Fiscal General del Estado.
  - Fiscales Superiores de las Comunidades Autónomas.
  - Teniente Fiscal del Tribunal Supremo.
  - Fiscales Superiores.
  - Secretario (Fiscal Jefe de la Secretaría Técnica).
- Fiscalía del Tribunal Supremo:
  - Jefatura directa del Fiscal General del Estado.
  - Teniente Fiscal del Tribunal Supremo:
    . Fiscales de Sala.
    . Fiscales del Tribunal Supremo.
- Fiscalía ante el Tribunal Constitucional:
  - Fiscal de Sala Jefe.
  - Teniente Fiscal.
- Fiscalía de la Audiencia Nacional:
  - Fiscal de Sala Jefe.
  - Teniente Fiscal.
- Fiscalías Especiales:
  - Fiscalía Antidroga:
    . Fiscal de Sala Jefe.
    . Teniente Fiscal.
  - Fiscalía contra la Corrupción y el Crimen Organizado.
    . Fiscal de Sala Jefe.
    . Teniente Fiscal.
- La Fiscalía del Tribunal de Cuentas:
  - Fiscal de Sala Jefe.
  - Teniente Fiscal.
  - Fiscales varios.
- La Fiscalía Jurídico Militar:
  - Fiscalía Togada:

. Fiscal Togado.
. General Auditor.
. Fiscal de Sala.
- Fiscalía de Tribunal Militar Central (jurisdicción militar).
- Fiscalías de Tribunales Militares Territoriales (jur. mil.).

> **3. La ley regulará el estatuto orgánico del Ministerio Fiscal.**

EL FISCAL GENERAL DEL ESTADO.

> **4. El Fiscal General del Estado será nombrado por el Rey, a propuesta del Gobierno, oído el Consejo General del Poder Judicial.**

El Fiscal General del Estado, que actúa de manera absolutamente imparcial e independiente, es el jefe de todos los fiscales españoles, y no recibe órdenes ni instrucciones del Gobierno, aunque sea propuesto por dicho Gobierno con el beneplácito de una Comisión específica del Congreso de los Diputados.

Artículo 125
LA INSTITUCIÓN DEL JURADO.

> *Los ciudadanos podrán ejercer la acción popular y participar en la Administración de Justicia mediante la institución del Jurado, en la forma y con respecto a aquellos procesos penales que la ley determine, así como en los Tribunales consuetudinarios y tradicionales.*

Los españoles podrán participar en los juicios, habiendo tres modalidades para hacerlo:

- Acción popular: quien acusa a otra persona por haber cometido un supuesto delito.
- Miembro del Jurado: parte del grupo que decidirá en un juicio la culpabilidad o la inocencia del encausado.
- Miembro de un Tribunal tradicional: el Tribunal de Aguas de Valencia es uno de los juzgados antiguos que aún conserva España.

Artículo 126
LA POLICÍA JUDICIAL.

> *La policía judicial depende de los Jueces, de los Tribunales y del Ministerio Fiscal en sus funciones de averiguación del delito y descubrimiento y aseguramiento del delincuente, en los términos que la ley establezca.*

La Policía judicial investigará los delitos según las órdenes de los Jueces, los Tribunales y el Ministerio Fiscal, recogiendo pruebas necesarias que sean constitutivas de delito y haciendo las detenciones pertinentes.

La Policía judicial en España está compuesta fundamentalmente por unidades la Guardia Civil y del Cuerpo Nacional de Policía, y las estructuras organizativas de las mismas son las siguientes:

- Jefatura de Información y Policía Judicial de la Guardia Civil:
  - Servicio de Información.
  - Unidad Central Operativa (UCO).
  - Unidad Técnica de Policía Judicial.
  - Servicio de Criminalística:
    . Sección de Criminalística Física.
    . Sección de Criminalística Analítica.
    . Sección de Organización (logística).
  - Unidades Orgánicas de Policía Judicial Territoriales:
    . Unidades de Policía Judicial de Zona (por Comunidad Autónoma).
    . Unidades Orgánicas de Policía Judicial de Comandancia (por provincia).
  - Unidad de Gestión de Calidad.

- Comisaría General de Policía Judicial del Cuerpo Nacional de Policía:
  - Secretaría General.
  - UDYCO (Unidad Central de Droga y Crimen Organizado):
    . Brigada Central de Estupefacientes.
    . Brigada Central de Crimen Organizado.
    . Unidad Adscrita a la Fiscalía General del Estado.
  - UDEV (Unidad Central de Delincuencia Especializada y Violenta):
    . Brigada Central de Investigación de la Delincuencia Especializada.
    . Brigada Central de Investigación de Delitos contra las Personas.
    . Brigada de Patrimonio Histórico.
  - UCIC (Unidad Central de Inteligencia Criminal).
  - UDEF (Unidad Central de Delincuencia Económica y Fiscal):
    . Brigada Central de Delincuencia Económica y Fiscal.
    . Brigada Central de Inteligencia Financiera.
    . Brigada Central de Investigación de Blanqueo de Capitales y Anticorrupción.

. Unidad Adscrita a la Fiscalía Especial contra la Corrupción y la Criminalidad Organizada.
. Brigada de Investigación del Banco de España.
- UIT (Unidad de Investigación Tecnológica):
. Brigada Central de Investigación Tecnológica.
. Brigada Central de Seguridad Informática.
- UFAM (Unidad Central de Atención a la Familia y la Mujer):
. Brigada Operativa de Atención a la Familia y la Mujer.
. Gabinete de Estudios.

Artículo 127
LAS INCOMPATIBILIDADES DE LOS JUECES, LOS MAGISTRADOS Y LOS FISCALES.

1. Los Jueces y Magistrados así como los Fiscales, mientras se hallen en activo, no podrán desempeñar otros cargos públicos, ni pertenecer a partidos políticos o sindicatos. La ley establecerá el sistema y modalidades de asociación profesional de los Jueces, Magistrados y Fiscales.

Aunque los Jueces y los Fiscales puedan crear sus propias asociaciones, tendrán terminantemente prohibido trabajar a la vez en otras instituciones, y tampoco podrán pertenecer a ningún sindicato ni partido político. Se trata de que los Jueces, los Magistrados y los Fiscales tengan una dedicación absoluta a sus labores judiciales, y puedan hacerlo con total independencia y sin presiones de ningún tipo.

2. La ley establecerá el régimen de incompatibilidades de los miembros del poder judicial, que deberá asegurar la total independencia de los mismos.

Título VII

Economía y Hacienda

El Título VII especifica los principios fundamentales de la organización económica de España.

Se trata de concretar lo que pueden hacer las instituciones del Estado en la Economía española, protegiéndola, incentivándola, beneficiándola, etcétera, y así mantener y promover el bienestar de todos los españoles.

La Constitución Española es generosa y solidaria económicamente con todos los territorios del país; se obliga al Gobierno a repartir la riqueza de España entre todos sus ciudadanos, haciéndolo de manera justa y patriótica. Amar la tierra del país donde todos convivimos en paz es cultivarla económicamente en todos sus rincones. Ser catalán o vasco en un momento de prosperidad autonómica no exime de ser solidario como siempre lo ha sido su madre Patria: la España que es riqueza de todos está para repartirse entre todos los españoles que viven en una punta y en otra del territorio nacional. Ninguna Comunidad Autónoma se merece más que otra, pero las más desfavorecidas sí serán recompensadas hasta igualarse con las más prósperas que siguen siendo fruto del esfuerzo de toda España.

Artículo 128
LA FUNCIÓN PÚBLICA DE LA RIQUEZA.

1. Toda la riqueza del país en sus distintas formas y sea cual fuere su titularidad está subordinada al interés general.

Este Artículo es propio de programas socialistas, porque aumenta la capacidad de la iniciativa pública en cualquier actividad económica del país. Dicho Artículo fue fruto de un consenso entre fuerzas políticas muy diferentes que aceptaron su inclusión en la Carta Magna.

La riqueza de toda España debe dedicarse al bienestar de todos y cada uno de los españoles. La riqueza del país nunca estará al servicio de los intereses particulares y políticos de unas pocas Comunidades Autónomas con meras pretensiones secesionistas o independentistas como Cataluña o las provincias vascas; la riqueza del país no será la moneda de cambio para las políticas nacionalistas vascas y catalanas: la riqueza económica de España pertenece a toda la ciudadanía española.

> *2. Se reconoce la iniciativa pública en la actividad económica. Mediante ley se podrá reservar al sector público recursos o servicios esenciales, especialmente en caso de monopolio y asimismo acordar la intervención de empresas cuando así lo exigiere el interés general.*

Las instituciones del Estado podrán participar en la actividad económica de España, creando empresas públicas o semipúblicas, privatizando total o parcialmente empresas públicas, interviniendo grandes empresas privadas mal gestionadas, etcétera.

Artículo 129
LA PARTICIPACIÓN EN LA EMPRESA Y EN LOS ORGANISMOS PÚBLICOS.

> *1. La ley establecerá las formas de participación de los interesados en la Seguridad Social y en la actividad de los organismos públicos cuya función afecte directamente a la calidad de la vida o al bienestar general.*

Tanto las empresas como los trabajadores podrán tomar parte en la Seguridad Social y demás instituciones que se relacionen con la economía o el bienestar de todos los españoles; dicha participación pública evita el derroche y los abusos, permitiendo que los usuarios de la Seguridad Social vigilen la eficacia y el buen funcionamiento de la misma.

> *2. Los poderes públicos promoverán eficazmente las diversas formas de participación en la empresa y fomentarán, mediante una legislación adecuada, las sociedades cooperativas. También establecerán los medios que faciliten el acceso de los trabajadores a la propiedad de los medios de producción.*

Los trabajadores, a través de sus representantes, podrán negociar con los empresarios y así participar en la actividad empresarial; incluso podrán formar cooperativas para ser a la vez propietarios y trabajadores de la misma empresa.

Artículo 130
EL DESARROLLO DEL SECTOR ECONÓMICO.

> *1. Los poderes públicos atenderán a la modernización y desarrollo de todos los sectores económicos y, en particular, de la agricultura, de la*

> *ganadería, de la pesca y de la artesanía, a fin de equiparar el nivel de vida de todos los españoles.*

Las instituciones del Estado apoyarán con firmeza y decisión el desarrollo de todos los sectores productivos de la Economía española: desde el sector más tradicional y ancestral hasta el más avanzado científica y tecnológicamente: la agricultura, la artesanía, el comercio, el transporte, el turismo, la industria, etcétera.

> **2. *Con el mismo fin, se dispensará un tratamiento especial a las zonas de montaña.***

Se apoyará especialmente el desarrollo de la actividad económica de las zonas de montaña y de lugares apartados o de difícil acceso que están repartidos por toda España.

Artículo 131
LA PLANIFICACIÓN DE LA ACTIVIDAD ECONÓMICA.

> **1. *El Estado, mediante ley, podrá planificar la actividad económica general para atender a las necesidades colectivas, equilibrar y armonizar el desarrollo regional y sectorial y estimular el crecimiento de la renta y de la riqueza y su más justa distribución.***

El Gobierno podrá realizar un Plan Económico para cubrir todas las necesidades de los españoles, trabajen estos en un sector económico u otro, y así incrementar la riqueza del país, repartiéndola después de manera justa entre todos sus ciudadanos.

> **2. *El Gobierno elaborará los proyectos de planificación, de acuerdo con las previsiones que le sean suministradas por las Comunidades Autónomas y el asesoramiento y colaboración de los sindicatos y otras organizaciones profesionales, empresariales y económicas. A tal fin se constituirá un Consejo, cuya composición y funciones se desarrollarán por ley.***

En el Plan Económico, propuesto por el Gobierno, podrán participar los empresarios, los sindicatos y las instituciones de las Comunidades Autónomas.

La creación, por parte del Gobierno, de un Consejo Asesor para la Política Económica y Social refleja el pluralismo social fuertemente inscrito en la Constitución Española.

La estructura organizativa del Consejo Económico y Social es la siguiente:

- Presidente.

- Grupo Primero:
  - Veinte Consejeros (designados por organizaciones sindicales).
- Grupo Segundo:
  - Veinte Consejeros (designados por organizaciones empresariales).
- Grupo Tercero:
  - Veinte Consejeros (designados por organizaciones de consumidores, agrarias, pesqueras, cooperativas y otros expertos).

Artículo 132
LOS BIENES DE DOMINIO PÚBLICO.

> *1. La ley regulará el régimen jurídico de los bienes de dominio público y de los comunales, inspirándose en los principios de la inalienabilidad, imprescriptibilidad e inembargabilidad, así como su desafectación.*

Hay lugares, edificios y construcciones en España que pertenecen a todos los españoles, que no pueden comprarse por nadie, porque son de la Nación española y están presentes para ofrecer un servicio público: carreteras, calles, puentes, hospitales, museos, bibliotecas, etcétera.

> *2. Son bienes de dominio público estatal los que determine la ley y, en todo caso, la zona marítimo-terrestre, las playas, el mar territorial y los recursos naturales de la zona económica y la plataforma continental.*

Las playas y la mar, que contemplamos desde cualquier franja costera de España, son de todos los españoles, para nuestro uso y disfrute, y nadie jamás podrá comprarlas. Las playas son uno de los lugares más nuestros, más auténticamente españoles, una seña más de identidad de nuestra Patria en cualquier parte del mundo donde se pregunte.

> *3. Por ley se regularán el Patrimonio del Estado y el Patrimonio Nacional, su administración, defensa y conservación.*

Los españoles tenemos el deber de proteger lugares tan emblemáticos como el Palacio de la Zarzuela, el Palacio de las Cortes, el Tribunal Constitucional, etcétera; el Gobierno deberá impedir siempre que los palacios, los edificios emblemáticos y los Reales Sitios como el Palacio Real de Madrid sean comprados o vendidos, porque son propiedades de todos los españoles que hemos decidido cuidarlos y protegerlos constitucionalmente porque son los lugares propios de nuestra Monarquía parlamentaria. Y un tratamiento especial tendrán los lugares que son el hogar de la Corona española; nuestros Reyes se merecen vivir en las mejores condiciones posibles, porque son el espejo de nuestras grandezas históricas, presentes y futuras: "Ellos" son el Patrimonio Vivo y Real a nuestro cargo por decisión mayoritaria de los españoles desde 1978. «¡Viva el Rey! ¡Viva España!».

Artículo 133
LA POTESTAD TRIBUTARIA.

1. La potestad originaria para establecer los tributos corresponde exclusivamente al Estado, mediante ley.

Para crear un impuesto será necesario aprobar previamente una ley; la soberanía fiscal del Estado español se desempeña a través de sus leyes fiscales.

2. Las Comunidades Autónomas y las Corporaciones locales podrán establecer y exigir tributos, de acuerdo con la Constitución y las leyes.

Las Comunidades Autónomas, cumpliendo a rajatabla los preceptos inviolables de la Constitución Española en materia fiscal, podrán tener tributos propios cuando estén legalmente reflejados en sus propios Estatutos de Autonomía.

3. Todo beneficio fiscal que afecte a los tributos del Estado deberá establecerse en virtud de ley.

Para evitar la creación de paraísos fiscales en cualquier región de España, la Constitución Española prohíbe excepciones (desgravaciones, exenciones, reducciones, bonificaciones, etcétera) a las leyes fiscales del Estado que perjudiquen gravemente la unidad económica del mercado nacional.

4. Las administraciones públicas sólo podrán contraer obligaciones financieras y realizar gastos de acuerdo con las leyes.

Tanto los Ayuntamientos como las Comunidades Autónomas y el Gobierno solo podrán gastar el dinero dictado por las leyes; el gasto público en España siempre será el que se apruebe en las Cortes Generales.

Artículo 134
LOS PRESUPUESTOS GENERALES DEL ESTADO.

1. Corresponde al Gobierno la elaboración de los Presupuestos Generales del Estado y a las Cortes Generales su examen, enmienda y aprobación.

El Gobierno propondrá los PGE (Presupuestos Generales del Estado): planteará contablemente el Plan Económico de la Hacienda Pública española para todo un año.

> *2. Los Presupuestos Generales del Estado tendrán carácter anual, incluirán la totalidad de los gastos e ingresos del sector público estatal y en ellos se consignará el importe de los beneficios fiscales que afecten a los tributos del Estado.*

Los PGE son los que organizan los ingresos y los gastos para cada año: lo que se ingresa por los impuestos, lo que se gasta en sanidad, pensiones, educación, infraestructuras, etcétera. Son un instrumento jurídico-contable que permite anualmente determinar los gastos del Estado y de todos sus Organismos autónomos. El mantenimiento y/o crecimiento económico de España está a cargo del Estado con un Gobierno cuyas decisiones económicas y políticas son determinantes.

El documento que recoja los PGE siempre será único, exponiendo todos los ingresos y gastos públicos, con los importes brutos o íntegros.

> *3. El Gobierno deberá presentar ante el Congreso de los Diputados los Presupuestos Generales del Estado al menos tres meses antes de la expiración de los del año anterior.*

El Gobierno necesitará los votos favorables del Congreso de los Diputados y del Senado para que los PGE sean aprobados.

> *4. Si la ley de Presupuestos no se aprobara antes del primer día del ejercicio económico correspondiente, se considerarán automáticamente prorrogados los Presupuestos del ejercicio anterior hasta la aprobación de los nuevos.*

Hasta que no se aprueben los nuevos PGE, se hará una prórroga de los presupuestos del año anterior.

> *5. Aprobados los Presupuestos Generales del Estado, el Gobierno podrá presentar proyectos de ley que impliquen aumento del gasto público o disminución de los ingresos correspondientes al mismo ejercicio presupuestario.*

> *6. Toda proposición o enmienda que suponga aumento de los créditos o disminución de los ingresos presupuestarios requerirá la conformidad del Gobierno para su tramitación.*

Sin autorización expresa por parte del Gobierno, ninguna iniciativa parlamentaria, a través de una enmienda o una proposición de ley, podrá aumentar los créditos o disminuir los ingresos.

> 7. *La ley de Presupuestos no puede crear tributos. Podrá modificarlos cuando una ley tributaria sustantiva así lo prevea.*

Los PGE nunca servirán para crear nuevos impuestos, a no ser que gracias a la Ley de Presupuestos se modifique un tributo con una ley sustantiva pertinente.

Artículo 135
EL PRINCIPIO DE ESTABILIDAD PRESUPUESTARIA.

> *1. Todas las Administraciones Públicas adecuarán sus actuaciones al principio de estabilidad presupuestaria.*

Este Artículo es un compromiso para el cumplimiento de la estabilidad presupuestaria en España frente a Europa y el resto del mundo, para mantener el Estado social y el bienestar de todos los españoles.

La Constitución Española pretende evitar que aparezca el déficit presupuestario, generando así confianza en la estabilidad económica de España, adaptando el país a las influencias de la globalización económica y financiera.

En definitiva, la Carta Magna, por fin, garantiza el principio de estabilidad presupuestaria y la sostenibilidad social y económica de España, haciendo una Patria más rica y más fuerte a nivel financiero.

> *2. El Estado y las Comunidades Autónomas no podrán incurrir en un déficit estructural que supere los márgenes establecidos, en su caso, por la Unión Europea para sus Estados Miembros.*
> *Una ley orgánica fijará el déficit estructural máximo permitido al Estado y a las Comunidades Autónomas, en relación con su producto interior bruto. Las Entidades Locales deberán presentar equilibrio presupuestario.*

El Gobierno, las Comunidades Autónomas y los Ayuntamientos deberán esforzarse en gastar lo mismo que ingresan. Deben evitar el déficit, es decir, que se produzcan más gastos que ingresos, porque eso implicaría pedir dinero solicitando préstamos.
LA DEUDA PÚBLICA.

> *3. El Estado y las Comunidades Autónomas habrán de estar autorizados por ley para emitir deuda pública o contraer crédito.*
> *Los créditos para satisfacer los intereses y el capital de la deuda pública de las Administraciones se entenderán siempre incluidos en el estado de gastos de sus presupuestos y su pago gozará de prioridad*

> *absoluta. Estos créditos no podrán ser objeto de enmienda o modificación, mientras se ajusten a las condiciones de la ley de emisión.*
>
> *El volumen de deuda pública del conjunto de las Administraciones Públicas en relación con el producto interior bruto del Estado no podrá superar el valor de referencia establecido en el Tratado de Funcionamiento de la Unión Europea.*

Aunque los Ayuntamientos nunca podrán gastar más de lo que ingresan, al Gobierno y a las Comunidades Autónomas sí se les permitirán gastar un poco más en determinados casos: podrán pedir un préstamo para pagar el déficit que se genere, estando luego obligados a devolver el préstamo.

> *4. Los límites de déficit estructural y de volumen de deuda pública sólo podrán superarse en caso de catástrofes naturales, recesión económica o situaciones de emergencia extraordinaria que escapen al control del Estado y perjudiquen considerablemente la situación financiera o la sostenibilidad económica o social del Estado, apreciadas por la mayoría absoluta de los miembros del Congreso de los Diputados.*

El Gobierno y las Comunidades Autónomas podrán tener más gastos que ingresos, generando así déficit, en casos de emergencia como son las catástrofes naturales o los periodos de crisis económico-sociales.

> *5. Una ley orgánica desarrollará los principios a que se refiere este Artículo, así como la participación, en los procedimientos respectivos, de los órganos de coordinación institucional entre las Administraciones Públicas en materia de política fiscal y financiera. En todo caso, regulará:*
>
> *a) La distribución de los límites de déficit y de deuda entre las distintas Administraciones Públicas, los supuestos excepcionales de superación de los mismos y la forma y plazo de corrección de las desviaciones que sobre uno y otro pudieran producirse.*
>
> *b) La metodología y el procedimiento para el cálculo del déficit estructural.*
>
> *c) La responsabilidad de cada Administración Pública en caso de incumplimiento de los objetivos de estabilidad presupuestaria.*

> *6. Las Comunidades Autónomas, de acuerdo con sus respectivos Estatutos y dentro de los límites a que se refiere este Artículo, adoptarán*

las disposiciones que procedan para la aplicación efectiva del principio de estabilidad en sus normas y decisiones presupuestarias.

Artículo 136
EL TRIBUNAL DE CUENTAS.

1. El Tribunal de Cuentas es el supremo órgano fiscalizador de las cuentas y de la gestión económica del Estado, así como del sector público.
Dependerá directamente de las Cortes Generales y ejercerá sus funciones por delegación de ellas en el examen y comprobación de la Cuenta General del Estado.

El Tribunal de Cuentas se encargará de revisar los ingresos y los gastos de las instituciones y las empresas públicas del Estado español.

En su Sección de Fiscalización, revisará que la conducta del sector público ha sido ejemplar al aplicar los principios de legalidad, eficacia y economía; se comprobarán las Cuentas Generales del Estado y todos los documentos afines de las Comunidades Autónomas, se fiscalizarán las ejecuciones presupuestarias y sus propias transferencias, suplementos de créditos, etcétera; también se revisarán los contratos de las Administraciones Públicas y el estado en que se encuentran los bienes patrimoniales.

Y en su Sección de Enjuiciamiento se rendirán cuentas, a todos los niveles, para que cualquier persona que maneje bienes y/o caudales públicos esté absolutamente controlada.

2. Las cuentas del Estado y del sector público estatal se rendirán al Tribunal de Cuentas y serán censuradas por éste.
El Tribunal de Cuentas, sin perjuicio de su propia jurisdicción, remitirá a las Cortes Generales un informe anual en el que, cuando proceda, comunicará las infracciones o responsabilidades en que, a su juicio, se hubiere incurrido.

El Tribunal de Cuentas informará, anualmente, al Congreso de los Diputados y al Senado sobre los problemas o los fallos detectados en las cuentas del Estado y sobre quiénes son los responsables de dichos errores.

La estructura fundamental de la Cuenta General del Estado es la siguiente:
a) Cuenta de la Administración General del Estado:
- Liquidación de los Presupuestos:
  - Cuadro de los créditos autorizados y sus modificaciones.

- Liquidación del estado de gastos (créditos autorizados de Obligaciones reconocidas, mandamientos de los pagos ya satisfechos, remanentes de los créditos para anular y los residuos pasivos).
- Liquidación del estado de ingresos (ingresos realizados, previsiones, derechos pendientes de cobrar, derechos reconocidos y liquidados, y comparativa de previsiones con derechos liquidados e ingresos obtenidos).
- Estado de la operativa presupuestaria del Tesoro (en año natural, especificando el presupuesto actual y los anteriores).
- Estado evolutivo y actual de valores a cobrar y estado de las Obligaciones pasadas a pagar.
- Estado evolutivo y actual de los anticipos de Tesorería.
- Estado de compromisos futuros de gastos adquiridos.
- Estado de la Cuenta General de Tesorería (Tesoro y operativa del ejercicio).
- Estado actual y pasado del superávit o déficit de Tesorería por operaciones presupuestarias.
- Estado evolutivo y actual de recursos administrados por la Hacienda Pública.
- Cuenta general de la Deuda Pública.
- Memoria que justifica el coste y el rendimiento de los servicios públicos.
- Memoria del nivel de cumplimiento de la programación presupuestaría.

b) Cuenta de los Organismos autónomos administrativos:
- Intervención General de la Administración del Estado y las demás Cuentas administrativas.

c) Cuenta de Organismos autónomos comerciales, industriales y semejantes:
- Intervención General de la Administración del Estado y las demás Cuentas comerciales, industriales, etcétera.

3. Los miembros del Tribunal de Cuentas gozarán de la misma independencia e inamovilidad y estarán sometidos a las mismas incompatibilidades que los Jueces.

4. Una ley orgánica regulará la composición, organización y funciones del Tribunal de Cuentas.

La estructura organizativa del Pleno del Tribunal de Cuentas es la siguiente:
- Presidente:
  - Presidente de la Sección de Fiscalización.
  - Presidente de la Sección de Enjuiciamiento.
  - Consejeros.
  - Fiscal-Jefe.
  - Secretaria.

Título VIII

De la organización territorial del Estado

El Título VIII especifica un Estado de tipo regional, con una España distribuida en territorios:
- Municipio con su Ayuntamiento.
- Provincia con su Diputación.
- Comunidad Autónoma con su propia Asamblea Legislativa, su Consejo de Gobierno y su Tribunal Superior de Justicia.

Capítulo primero

Principios Generales

Artículo 137
LA ORGANIZACIÓN TERRITORIAL: LOS MUNICIPIOS, LAS PROVINCIAS Y LAS COMUNIDADES AUTÓNOMAS.

> El Estado se organiza territorialmente en municipios, en provincias y en las Comunidades Autónomas que se constituyan. Todas estas entidades gozan de autonomía para la gestión de sus respectivos intereses.

España, unida, blindada constitucionalmente e indivisible su soberanía territorial a perpetuidad, que en sí misma es Patria, está organizada por los municipios (donde se gobiernan los pueblos y las ciudades de España), las provincias (donde se gobiernan las agrupaciones de los pueblos y las ciudades de España) y las Comunidades Autónomas (donde se gobiernan los grupos de provincias de España).

Las Comunidades Autónomas, las provincias y los municipios tomarán sus decisiones en función de las competencias que les haya permitido tener el Estado español y la Corona a través de la Constitución Española.

Las Ciudades Autónomas, regiones y/o Comunidades Autónomas, según la Historia española y los acontecimientos actuales, en orden patriótico y en función de su lealtad a la indivisible unidad de España y a la Corona son, de mayor a menor importancia: Madrid, Ceuta, Melilla, Castilla y León, Castilla-La Mancha, Asturias, Murcia, Extremadura, Andalucía, Cantabria, Aragón, Comunidad Valenciana, Galicia, Baleares, Canarias, La Rioja, Navarra y el resto de las provincias vascas y catalanas con sus respectivas Comunidades Autónomas.

Artículo 138
LA SOLIDARIDAD TERRITORIAL.

1. El Estado garantiza la realización efectiva del principio de solidaridad consagrado en el Artículo 2 de la Constitución, velando por el establecimiento de un equilibrio económico, adecuado y justo entre las diversas partes del territorio español, y atendiendo en particular a las circunstancias del hecho insular.

Las Comunidades Autónomas, las regiones y las provincias de la Nación española deben ser realmente solidarias entre ellas. En particular, la sociedad catalana y la sociedad vasca deberán reeducarse constantemente en la solidaridad nacional de España, en el compromiso y el deber constitucional de solidarizarse económicamente con los pueblos más desfavorecidos de España. La Patria es para compartirse y desprenderse así de los egoístas intereses nacionalistas, secesionistas, separatistas e independentistas. El mundo o el universo español debe ser para todos sus ciudadanos en cualquier parte del territorio nacional, porque dicho universo solidario es una seña de identidad española: todos tenemos derecho a desarrollarnos económicamente en las mismas condiciones y con las mismas oportunidades. Cualquier proceso de autodeterminación en una Comunidad Autónoma es un ataque frontal a la naturaleza solidaria del Estado español; cualquier proceso independentista es una mera campaña de odio y sinrazón política que visualiza el egoísmo enquistado en parte de la sociedad catalana y la sociedad vasca. Los españoles tenemos el firme compromiso de compartir lo que tenemos y lo que somos a través de nuestro Estado social y democrático de Derecho. Y la Constitución Española es la salvaguarda de la solidaridad entre las distintas Comunidades Autónomas y entre todos y cada uno de los ciudadanos españoles.

LA IGUALDAD TERRITORIAL.

2. Las diferencias entre los Estatutos de las distintas Comunidades Autónomas no podrán implicar, en ningún caso, privilegios económicos o sociales.

Los Estatutos de las Comunidades Autónomas son un reconocimiento a las singularidades culturales de los pueblos de España, una herramienta que cuida y fortalece las costumbres propias de cada región española. Pero no son mecanismos para poner en marcha procesos de independencia o autodeterminación, excluyendo así al resto de los españoles. Dichos Estatutos deberán incentivar todavía más el compromiso de que los pueblos de España sean más generosos y solidarios unos con otros. Los "nazionalistas" independentistas, sobrados de odio, ignorancia, imbecilidad y egoísmo, jamás conseguirán sus propósitos, porque la Constitución Española es implacable a la hora de proteger el bienestar de toda la Nación. En España se defiende la Patria porque es la prueba de que la mayoría de los españoles siempre hemos sido solidarios, generosos, desprendidos y caritativos con nuestros pueblos y ciudades, porque históricamente ha quedado demostrado: ninguna región española abandonará jamás el barco patrio que nos hace navegar rumbo a favor de una prosperidad común y compartida. Esa minoría egoísta es un lastre que siempre acaba siendo arrojado por la borda: la deslealtad a la Carta Magna nunca le saldrá gratis a un ciudadano que pretenda desestabilizar la ya histórica convivencia cívica de España tras la aprobación de dicha Constitución Española por las Cortes el 31 de octubre de 1978. El imperio de la Ley perseguirá con insistente afán de justicia a los traidores e independentistas golpistas institucionales. Por lo tanto, las diferencias que existan entre los Estatutos de Autonomía jamás deberán implicar desventajas de unas Comunidades Autónomas sobre otras. Y no se trata de un "todos o ninguno" definitivo, sino de un "todos por la Patria" y punto.

España nunca se trabajará autonómicamente por partes: la Nación española no es posible llevarla adelante por separado. España es un complejísimo ensamblaje histórico-político donde no falta ni sobra ninguna pieza; las minúsculas partes defectuosas, corroídas por el dañino nacionalismo e independentismo, rápidamente son reparadas y engrasadas por la inequívoca Constitución Española y por la aplicación del imperio de la Ley. Tanto el Estatuto de Autonomía de Cataluña como el de las provincias vascas están naturalmente limitados por la Constitución Española como Ley Suprema del Estado español: hablar catalán o vasco y ondear una bandera distinta a la española no son motivos racionales para desobedecer los preceptos constitucionales del Reino de España. Los Estatutos de Autonomía, especialmente el de Cataluña y el de las provincias vascas, deben acatar y legitimar que la única Patria real es una España unida y que no hay más soberanía nacional que la española: una sola España grande y libre de nacionalismos provincianos y periféricos. «¡Viva España!».

El año 2017 representó para Cataluña su propia sentencia de muerte independentista y nacionalista; gran parte de la sociedad catalana, por acción y omisión, provocó la aplicación del Artículo 155. A partir de entonces, Cataluña ha perdido su oportunidad de cualquier acuerdo asimétrico o confederal con el resto de España; por culpa de aquella gravísima violencia institucional del *Govern de la Generalitat de Catalunya*, se acabaron los juegos en torno a la descentralización y federación del país; una mala praxis política en Cataluña ha destruido la poca credibilidad que tenía su micronacionalismo regional: en los próximos años, Cataluña incrementará exponencialmente su condición periférica como escarmiento democrático, porque se le aplicará con más fuerza la Constitución Española y todo el imperio de la Ley. En un futuro a largo plazo, Cataluña y las provincias vascas perderán la voz del independentismo, del secesionismo y del federalismo. La sociedad española no tolerará en las próximas décadas ninguna crisis política y económica por culpa de utópicos ciudadanos vascos o catalanes independentistas. Se distribuirán más competencias entre el Gobierno de España y las Comunidades Autónomas, pero las Fuerzas Armadas, las Fuerzas y Cuerpos de Seguridad del Estado, el Artículo 155 y el boicot jugarán un papel fundamental en el siguiente y previsible desafío independentista. Gracias a la inútil, ridícula y absurda Declaración Unilateral de Independencia (DUI) en la Cataluña de 2017, hoy la sociedad española sabe que su Patria está asegurada por una incuestionable e indestructible Constitución Española.

Mantener la solidaridad y la igualdad entre todas las Comunidades Autónomas de España condicionará todas las relaciones intergubernamentales; la opinión pública española nunca se mostrará egoísta con su Patria. La matraca independentista morirá en el estercolero de sus propias mentiras, arrastrando a sus cerdos políticos por el fango de sus propios odios y rencores históricos, mientras que la sociedad española afianzará su Monarquía parlamentaria como una de las democracias más avanzadas del mundo: la bandera española ondeará como emblema solidario e igualitario en todas las instituciones públicas de Cataluña y las provincias vascas. No hay más diseño institucional ni escenario asimétrico para España que todos sus ciudadanos rodeando el territorio de la Nación española. «¡Viva España!». No habrá más autogobierno para las Comunidades Autónomas que el reflejado en las páginas de esta Constitución Española. Una vez arrodillados institucionalmente todos los nacionalistas e independentistas vascos, catalanes, gallegos y valencianos, haciendo oposición política en la periferia de todas las periferias institucionales, desarmados ideológicamente por el sentido común y el imperio de la Ley española, todo sentimiento patriótico será poco para celebrarlo: España y la mayoría de sus regiones son y serán siempre solidarias e igualitarias con sus gentes.

La Constitución Española estará más viva que nunca en los próximos años. Todos los conflictos graves que puedan producirse entre el Gobierno de España y los gobiernos pronacionalistas, nacionalistas o proindependentistas de unas pocas Comunidades Autónomas, serán juzgados por la Audiencia Nacional, el Tribunal Supremo y el Tribunal Constitucional; también se solucionarán justamente con órganos bilaterales, convenios de colaboración, millones de euros en efectivo que pronto acalla cualquier matraca independentista o nacionalista (el cupo vasco o el régimen fiscal privilegiado de Navarra y las provincias vascas), Conferencias Sectoriales, Comisiones, etcétera. Si el Estado y, concretamente, el Gobierno de la Nación son solidarios e igualitarios en la práctica, la unidad territorial de España estará asegurada a perpetuidad.

Artículo 139
LA IGUALDAD DE LOS ESPAÑOLES
EN LOS TERRITORIOS DEL ESTADO.

1. Todos los españoles tienen los mismos derechos y obligaciones en cualquier parte del territorio del Estado.

Los catalanes y los vascos deberán cumplir fielmente la Constitución Española, acatándola y legitimándola, tal y como lo hacemos los demás españoles de pro. Y del mismo modo, los extremeños, los canarios, los ceutíes, los melillenses, etcétera, cumplirán a rajatabla la Carta Magna. Es decir, son derechos y obligaciones adquiridos por ser españoles en cualquier parte del territorio de España. Es un justo y un auténtico privilegio constitucional que todos los españoles seamos iguales. Así es como democráticamente se garantiza nuestra Patria a perpetuidad. «¡Viva España!».

2. Ninguna autoridad podrá adoptar medidas que directa o indirectamente obstaculicen la libertad de circulación y establecimiento de las personas y la libre circulación de bienes en todo el territorio español.

Ninguna Comunidad Autónoma ni provincia ni municipio podrá jamás poner barreras o fronteras para impedir el libre tránsito de las personas y los medios de transporte por toda España. Los españoles, gracias a la Constitución Española, pueden moverse con absoluta libertad de un punto a otro del territorio nacional, recorriendo miles de kilómetros, protegidos en todo momento por el imperio de la Ley. Ningún independentista catalán o vasco puede cortarnos el paso en nuestra propia tierra.

Capítulo segundo

De la Administración Local

Artículo 140
LA AUTONOMÍA Y LA DEMOCRACIA MUNICIPAL.

> *La Constitución garantiza la autonomía de los municipios. Estos gozarán de personalidad jurídica plena. Su gobierno y administración corresponde a sus respectivos Ayuntamientos, integrados por los Alcaldes y los Concejales. Los Concejales serán elegidos por los vecinos del municipio mediante sufragio universal, igual, libre, directo y secreto, en la forma establecida por la ley. Los Alcaldes serán elegidos por los Concejales o por los vecinos. La ley regulará las condiciones en las que proceda el régimen del concejo abierto.*

El Ayuntamiento es la institución que gobierna un municipio, y se hace a través de su Alcalde (que preside el Ayuntamiento) y varios Concejales. Serán los ciudadanos, empadronados en cada ciudad o pueblo, quienes elijan a los Concejales en unas elecciones municipales. Y el Alcalde, posteriormente, será elegido por dichos Concejales.

Artículo 141
LAS PROVINCIAS Y LAS ISLAS.

> *1. La provincia es una entidad local con personalidad jurídica propia, determinada por la agrupación de municipios y división territorial para el cumplimiento de las actividades del Estado. Cualquier alteración de los límites provinciales habrá de ser aprobada por las Cortes Generales mediante ley orgánica.*

Cada provincia española es un grupo de municipios.

> *2. El gobierno y la administración autónoma de las provincias estarán encomendados a Diputaciones u otras Corporaciones de carácter representativo.*

La Diputación será la institución que gobierne su provincia.

> 3. Se podrán crear agrupaciones de municipios diferentes de la provincia.

> 4. En los archipiélagos, las islas tendrán además su administración propia en forma de Cabildos o Consejos.

Cada isla de las Canarias tendrá un Cabildo. Y en Baleares, cada isla tendrá un Consejo.

Artículo 142
LAS HACIENDAS LOCALES.

> Las Haciendas locales deberán disponer de los medios suficientes para el desempeño de las funciones que la ley atribuye a las Corporaciones respectivas y se nutrirán fundamentalmente de tributos propios y de participación en los del Estado y de las Comunidades Autónomas.

Los municipios deberán disponer de dinero para cumplir con todas sus competencias, porque habrán recibido dicho dinero de sus impuestos y de los fondos transferidos por la propia Comunidad Autónoma, por la Unión Europea y por el Gobierno de España.

Las entidades locales disponen habitualmente de los siguientes recursos:
- Tributos propios: tasas, contribuciones especiales, impuestos, etcétera.
- Ingresos procedentes del propio patrimonio.
- Subvenciones.
- Participaciones en los tributos de las Comunidades Autónomas y del Estado.
- Producto fruto de las operaciones de crédito.
- Ingresos en concepto de precio público.
- Ingresos por multas y sanciones.
- Prestaciones varias de derecho público.

Y, habitualmente, con todos los ingresos recaudados, un municipio con más de cincuenta mil habitantes debe gestionar los siguientes servicios:
- Protección civil y extinción de incendios con un parque de bomberos propio.
- Seguridad en lugares públicos con sus propios policías locales.
- Ordenación del tráfico.

- Urbanismo: mantenimiento, pavimentación, ordenación del territorio, promoción de viviendas, etcétera.
- Creación y mantenimiento de parques y jardines.
- Protección del medio ambiente.
- Patrimonio histórico-artístico.
- Mercado de abastos, matadero, ferias y mercados varios.
- Oficina de atención al consumidor.
- Participación en la atención primaria sanitaria.
- Protección de la salubridad pública.
- Servicios funerarios y cementerios.
- Servicios sociales: comedores sociales, albergues para indigentes, reinserción social, etcétera.
- Alumbrado público y suministro de agua.
- Limpieza de calles, recogida de basuras, alcantarillado, y tratamiento de basuras y aguas residuales.
- Transporte público de viajeros.
- Promoción turística.
- Instalaciones y actividades culturales y deportivas.
- Hacer cumplir la enseñanza obligatoria.
- Cooperación con los centros educativos.

Capítulo tercero

De las Comunidades Autónomas

Artículo 143
EL AUTOGOBIERNO DE LAS COMUNIDADES AUTÓNOMAS.

> *1. En el ejercicio del derecho a la autonomía reconocido en el Artículo 2 de la Constitución, las provincias limítrofes con características históricas, culturales y económicas comunes, los territorios insulares y las provincias con entidad regional histórica podrán acceder a su autogobierno y constituirse en Comunidades Autónomas con arreglo a lo previsto en este Título y en los respectivos Estatutos.*

En España, las provincias y las islas que tenían una historia y una cultura singular o compartida crearon sus propias Comunidades Autónomas.

LA INICIATIVA AUTONÓMICA.

> 2. *La iniciativa del proceso autonómico corresponde a todas las Diputaciones interesadas o al órgano interinsular correspondiente y a las dos terceras partes de los municipios cuya población represente, al menos, la mayoría del censo electoral de cada provincia o isla. Estos requisitos deberán ser cumplidos en el plazo de seis meses desde el primer acuerdo adoptado al respecto por alguna de las Corporaciones locales interesadas.*

Se solicitaron las creaciones de las Comunidades Autónomas actuales a través de las Diputaciones, los Cabildos, los Consejos o un grupo mayoritario de municipios.

> 3. *La iniciativa, en caso de no prosperar, solamente podrá reiterarse pasados cinco años.*

Artículo 144
EL PODER DEL CONGRESO Y DEL SENADO
PARA CREAR COMUNIDADES AUTÓNOMAS.

> *Las Cortes Generales, mediante ley orgánica, podrán por motivos de interés nacional:*
> *a) Autorizar la constitución de una Comunidad Autónoma cuando su ámbito territorial no supere el de una provincia y no reúna las condiciones del apartado 1 del Artículo 143.*
> *b) Autorizar o acordar, en su caso, un Estatuto de Autonomía para territorios que no estén integrados en la organización provincial.*
> *c) Sustituir la iniciativa de las Corporaciones locales a que se refiere el apartado 2 del Artículo 143.*

El Congreso de los Diputados y el Senado podrán permitir que se creen Comunidades Autónomas de una sola provincia, que se cree una Comunidad Autónoma en un territorio más pequeño que una provincia (Ceuta y Melilla como Ciudades Autónomas que son), y que se obligue a una provincia a formar parte de una Comunidad Autónoma.

Artículo 145
LAS RELACIONES O LA COOPERACIÓN
ENTRE LAS COMUNIDADES AUTÓNOMAS.

> 1. *En ningún caso se admitirá la federación de Comunidades Autónomas.*

La Constitución Española prohíbe terminantemente la unión de varias Comunidades Autónomas.

> **2. Los Estatutos podrán prever los supuestos, requisitos y términos en que las Comunidades Autónomas podrán celebrar convenios entre sí para la gestión y prestación de servicios propios de las mismas, así como el carácter y efectos de la correspondiente comunicación a las Cortes Generales. En los demás supuestos, los acuerdos de cooperación entre las Comunidades Autónomas necesitarán la autorización de las Cortes Generales.**

Las Comunidades Autónomas sí podrán firmar acuerdos de colaboración entre unas y otras sobre asuntos con un interés social o económico común: medio ambiente, turismo, transportes, etcétera.

Artículo 146
LA ELABORACIÓN DEL ESTATUTO
O EL PROYECTO DE ESTATUTO DE AUTONOMÍA.

> **El proyecto de Estatuto será elaborado por una asamblea compuesta por los miembros de la Diputación u órgano interinsular de las provincias afectadas y por los Diputados y Senadores elegidos en ellas y será elevado a las Cortes Generales para su tramitación como ley.**

Quienes redactan el proyecto de Estatuto de Autonomía son los miembros de la Diputación o los miembros de los Cabildos o los Consejos en las islas, y los Diputados y los Senadores de las provincias o islas que antaño también solicitaron ser una Comunidad Autónoma.

El proyecto deberá ser entregado al Congreso de los Diputados y al Senado para ser tramitado. Muchos borradores de proyectos realizados por los gobiernos catalanes y vascos ni siquiera han llegado a tramitarse en las Cortes Generales por ser meros proyectos de propaganda independentista, manifiestamente anticonstitucionales y antimonárquicos; los gobiernos proindependentistas catalanes siempre han sido propensos a proyectos estatutarios ilegales que son fruto de un profundo desconocimiento del Derecho Constitucional y de una deslealtad enfermiza hacia las instituciones del Estado español. El Tribunal Constitucional ya conoce la brutalidad institucional del *Govern de la Generalitat de Catalunya* cuando está gobernado por independentistas, secesionistas, antisistema y republicanos infiltrados; desde la radicalidad y la seudopolítica, esos gobernantes catalanes "nazionalistas" proyectan falsos estatutos de autonomía con el único propósito de dinamitar el Estado de

Derecho que respetamos y compartimos democráticamente todos los españoles de pro.

Artículo 147
EL CONTENIDO DE LOS ESTATUTOS DE AUTONOMÍA.

> *1. Dentro de los términos de la presente Constitución, los Estatutos serán la norma institucional básica de cada Comunidad Autónoma y el Estado los reconocerá y amparará como parte integrante de su ordenamiento jurídico.*

Los Estatutos de Autonomía son las normas fundamentales que el Estado español permite y concede a cada Autonomía. Por lo tanto, el Estatuto de Autonomía de Cataluña y el de las provincias vascas son Estatutos que forman parte de las leyes de España, estando los vascos y los catalanes obligados a obedecer y legitimar la Constitución Española en primer lugar como la Ley Suprema del Estado español que tenemos. La fuerza de la Ley española impera sobre todos los Estatutos de Autonomía que hay y que puedan crearse en España: lo primero e inequívoco es la Constitución Española. «¡Viva España!».

> *2. Los Estatutos de autonomía deberán contener:*
> *a) La denominación de la Comunidad que mejor corresponda a su identidad histórica.*
> *b) La delimitación de su territorio.*
> *c) La denominación, organización y sede de las instituciones autónomas propias.*
> *d) Las competencias asumidas dentro del marco establecido en la Constitución y las bases para el traspaso de los servicios correspondientes a las mismas.*

Los Estatutos de Autonomía dan nombre a la Comunidad Autónoma, especifican un territorio que nunca dejará de ser parte de España, nombran las instituciones de la propia Comunidad Autónoma, situarán la capitalidad autonómica (siempre periférica con respecto a la única capitalidad nacional posible que es Madrid), determinarán las competencias que les permite la Constitución Española, etcétera.
LA REFORMA DE LOS ESTATUTOS DE AUTONOMÍA.

> *3. La reforma de los Estatutos se ajustará al procedimiento establecido en los mismos y requerirá, en todo caso, la aprobación por las Cortes Generales, mediante ley orgánica.*

Los Estatutos de Autonomía podrán cambiarse con reformas. Para ello, tanto el Congreso de los Diputados como el Senado deberán votar a favor de dichas reformas. Pero las propuestas catalanas y vascas que apuesten por la secesión o el independentismo serán rechazadas por inconstitucionales. Las reformas de los Estatutos de Autonomía deben ser para fortalecer la cohesión social de España, para mejorar el marco de convivencia, etcétera.

Artículo 148
LAS COMPETENCIAS DE LAS COMUNIDADES AUTÓNOMAS.

1. Las Comunidades Autónomas podrán asumir competencias en las siguientes materias:
1ª. Organización de sus instituciones de autogobierno.
2ª. Las alteraciones de los términos municipales comprendidos en su territorio y, en general, las funciones que correspondan a la Administración del Estado sobre las Corporaciones locales y cuya transferencia autorice la legislación sobre Régimen Local.
3ª. Ordenación del territorio, urbanismo y vivienda.
4ª. Las obras públicas de interés de la Comunidad Autónoma en su propio territorio.
5ª. Los ferrocarriles y carreteras cuyo itinerario se desarrolle íntegramente en el territorio de la Comunidad Autónoma y, en los mismos términos, el transporte desarrollado por estos medios o por cable.
6ª. Los puertos de refugio, los puertos y aeropuertos deportivos y, en general, los que no desarrollen actividades comerciales.
7ª. La agricultura y ganadería, de acuerdo con la ordenación general de la economía.
8ª. Los montes y aprovechamientos forestales.
9ª. La gestión en materia de protección del medio ambiente.
10ª. Los proyectos, construcción y explotación de los aprovechamientos hidráulicos, canales y regadíos de interés de la Comunidad Autónoma; las aguas minerales y termales.
11ª. La pesca en aguas interiores, el marisqueo y la acuicultura, la caza y la pesca fluvial.
12ª. Ferias interiores.
13ª. El fomento del desarrollo económico de la Comunidad Autónoma dentro de los objetivos marcados por la política económica nacional.
14ª. La artesanía.
15ª. Museos, bibliotecas y conservatorios de música de interés para la Comunidad Autónoma.

> 16^a. *Patrimonio monumental de interés de la Comunidad Autónoma.*
> 17^a. *El fomento de la cultura, de la investigación y, en su caso, de la enseñanza de la lengua de la Comunidad Autónoma.*
> 18^a. *Promoción y ordenación del turismo en su ámbito territorial.*
> 19^a. *Promoción del deporte y de la adecuada utilización del ocio.*
> 20^a. *Asistencia social.*
> 21^a. *Sanidad e higiene.*
> 22^a. *La vigilancia y protección de sus edificios e instalaciones. La coordinación y demás facultades en relación con las policías locales en los términos que establezca una ley orgánica.*

Las competencias que podrán aceptar las Comunidades Autónomas son: organizar sus propias instituciones, organizar las funciones de las provincias y de cada Ayuntamiento, ordenar el territorio en las ciudades y los pueblos, realizar obras públicas como carreteras y vías de tren en la propia Comunidad Autónoma, gestionar las actividades económicas como la agricultura y la pesca, organizar las ferias de comercio, tomar decisiones para mejorar la economía autonómica, gestionar la protección del medio ambiente, construir y gestionar bibliotecas y museos, desarrollar la cultura y la ciencia a nivel autonómico, potenciar el turismo y el deporte, gestionar la sanidad y dar asistencia social, vigilar los edificios institucionales, etcétera.

> 2. *Transcurridos cinco años, y mediante la reforma de sus Estatutos, las Comunidades Autónomas podrán ampliar sucesivamente sus competencias dentro del marco establecido en el Artículo 149.*

Las Comunidades Autónomas podrán ir aceptando, poco a poco, las competencias que le permita la Constitución Española. Y deberán hacerse las pertinentes reformas de los Estatutos de Autonomía cada vez que se quiera aceptar una nueva competencia.

Artículo 149
LAS COMPETENCIAS EXCLUSIVAS DEL ESTADO.

> 1. *El Estado tiene competencia exclusiva sobre las siguientes materias:*
> 1^a. *La regulación de las condiciones básicas que garanticen la igualdad de todos los españoles en el ejercicio de los derechos y en el cumplimiento de los deberes constitucionales.*
> 2^a. *Nacionalidad, inmigración, emigración, extranjería y derecho de asilo.*
> 3^a. *Relaciones internacionales.*
> 4^a. *Defensa y Fuerzas Armadas.*

5ª. Administración de Justicia.
6ª. Legislación mercantil, penal y penitenciaria; legislación procesal, sin perjuicio de las necesarias especialidades que en este orden se deriven de las particularidades del derecho sustantivo de las Comunidades Autónomas.
7ª. Legislación laboral, sin perjuicio de su ejecución por los órganos de las Comunidades Autónomas.
8ª. Legislación civil, sin perjuicio de la conservación, modificación y desarrollo por las Comunidades Autónomas de los derechos civiles, forales o especiales, allí donde existan. En todo caso, las reglas relativas a la aplicación y eficacia de las normas jurídicas, relaciones jurídico-civiles relativas a las formas de matrimonio, ordenación de los registros e instrumentos públicos, bases de las obligaciones contractuales, normas para resolver los conflictos de leyes y determinación de las fuentes del Derecho, con respeto, en este último caso, a las normas del derecho foral o especial.
9ª. Legislación sobre propiedad intelectual e industrial.
10ª. Régimen aduanero y arancelario; comercio exterior.
11ª. Sistema monetario: divisas cambio y convertibilidad; bases de la ordenación de crédito, banca y seguros.
12ª. Legislación sobre pesas y medidas, determinación de la hora oficial.
13ª. Bases y coordinación de la planificación general de la actividad económica.
14ª. Hacienda general y Deuda del Estado.
15ª. Fomento y coordinación general de la investigación científica y técnica.
16ª. Sanidad exterior. Bases y coordinación general de la sanidad. Legislación sobre productos farmacéuticos.
17ª. Legislación básica y régimen económico de la Seguridad Social, sin perjuicio de la ejecución de sus servicios por las Comunidades Autónomas.
18ª. Las bases del régimen jurídico de las Administraciones públicas y del régimen estatutario de sus funcionarios que, en todo caso, garantizarán a los administrados un tratamiento común ante ellas; el procedimiento administrativo común, sin perjuicio de las especialidades derivadas de la organización propia de las Comunidades Autónomas; legislación sobre expropiación forzosa; legislación básica sobre con-

tratos y concesiones administrativas y el sistema de responsabilidad de todas las Administraciones públicas.

19ª. Pesca marítima, sin perjuicio de las competencias que en la ordenación del sector se atribuyan a las Comunidades Autónomas.

20ª. Marina mercante y abanderamiento de buques; iluminación de costas y señales marítimas; puertos de interés general; aeropuertos de interés general; control del espacio aéreo, tránsito y transporte aéreo, servicio meteorológico y matriculación de aeronaves.

21ª. Ferrocarriles y transportes terrestres que transcurran por el territorio de más de una Comunidad Autónoma; régimen general de comunicaciones; tráfico y circulación de vehículos a motor; correos y telecomunicaciones; cables aéreos, submarinos y radiocomunicación.

22ª. La legislación, ordenación y concesión de recursos y aprovechamientos hidráulicos cuando las aguas discurran por más de una Comunidad Autónoma, y la autorización de las instalaciones eléctricas cuando su aprovechamiento afecte a otra Comunidad o el transporte de energía salga de su ámbito territorial.

23ª. Legislación básica sobre protección del medio ambiente, sin perjuicio de las facultades de las Comunidades Autónomas de establecer normas adicionales de protección. La legislación básica sobre montes, aprovechamientos forestales y vías pecuarias.

24ª. Obras públicas de interés general o cuya realización afecte a más de una Comunidad Autónoma.

25ª. Bases del régimen minero y energético.

26ª. Régimen de producción, comercio, tenencia y uso de armas y explosivos.

27ª. Normas básicas del régimen de prensa, radio y televisión y, en general, de todos los medios de comunicación social, sin perjuicio de las facultades que en su desarrollo y ejecución correspondan a las Comunidades Autónomas.

28ª. Defensa del patrimonio cultural, artístico y monumental español contra la exportación y la expoliación; museos, bibliotecas y archivos de titularidad estatal, sin perjuicio de su gestión por parte de las Comunidades Autónomas.

29ª. Seguridad pública, sin perjuicio de la posibilidad de creación de policías por las Comunidades Autónomas en la forma que se establezca en los respectivos Estatutos en el marco de lo que disponga una ley orgánica.

> 30ª. *Regulación de las condiciones de obtención, expedición y homologación de títulos académicos y profesionales y normas básicas para el desarrollo del Artículo 27 de la Constitución, a fin de garantizar el cumplimiento de las obligaciones de los poderes públicos en esta materia.*
> 31ª. *Estadística para fines estatales.*
> 32ª. *Autorización para la convocatoria de consultas populares por vía de referéndum.*

Hay competencias que solo son capaces de administrar o gestionar el Gobierno, el Congreso de los Diputados y el Senado, sobre todo teniendo en cuenta determinados gobiernos autonómicos catalanes y vascos con pretensiones secesionistas, independentistas y antimonárquicas. Por lo tanto, hay competencias que son propias del Estado español y de la mismísima Patria: garantizar los derechos y los deberes de todos los españoles sin distinciones autonómicas, reconocer la nacionalidad española y algunos derechos para los extranjeros, gestionar las relaciones con otros países, defender España de ataques o amenazas externas e internas, administrar Justicia, aprobar leyes (mercantiles sobre las empresas y el comercio, penales para castigar los delitos, laborales sobre las relaciones entre las empresas y los trabajadores, civiles para cuestiones matrimoniales y contractuales, y de propiedad intelectual e industrial), comerciar con otros países, gestionar el sistema monetario, determinar la hora oficial en España, organizar la economía española, gestionar los impuestos propios de la Hacienda del Estado español, solicitar préstamos para el país, gestionar la investigación científica, coordinar la sanidad entre las distintas Comunidades Autónomas, gestionar la normativa sobre los funcionarios del Estado, gestionar el uso del agua en España cuando afecta a varias Comunidades Autónomas, gestionar los aeropuertos y los trenes, proteger los espacios naturales-nacionales, regular las normativas de las televisiones y las radios, proteger los monumentos, dirigir la Policía, realizar estadísticas nacionales, dar permiso para organizar cualquier referéndum siempre y cuando se respeten los principios constitucionales del Estado español, etcétera.

EL SERVICIO DEL ESTADO A LA CULTURA.

> 2. *Sin perjuicio de las competencias que podrán asumir las Comunidades Autónomas, el Estado considerará el servicio de la cultura como deber y atribución esencial y facilitará la comunicación cultural entre las Comunidades Autónomas, de acuerdo con ellas.*

Aunque la cultura siempre será fundamental para el Gobierno y las demás instituciones del Estado español, se permite que las Comunidades Autónomas tengan ciertas competencias transferidas en materia de cultura.

> *3. Las materias no atribuidas expresamente al Estado por esta Constitución podrán corresponder a las Comunidades Autónomas, en virtud de sus respectivos Estatutos. La competencia sobre las materias que no se hayan asumido por los Estatutos de Autonomía corresponderá al Estado, cuyas normas prevalecerán, en caso de conflicto, sobre las de las Comunidades Autónomas en todo lo que no esté atribuido a la exclusiva competencia de éstas. El derecho estatal será, en todo caso, supletorio del derecho de las Comunidades Autónomas.*

Las Comunidades Autónomas podrán negarse a asumir determinadas competencias que les son propias, en cuyo caso será el Gobierno de España el que se encargue de dichas competencias sin perjuicio alguno para ellas. Y también las Comunidades Autónomas podrán solicitar competencias al Gobierno sobre nuevas materias que aún no han sido listadas por el Estado español.

Las normas del Gobierno de España siempre estarán muy por encima de las autonómicas y, a su vez, la Constitución Española es la Ley Suprema a la que todas las instituciones del Estado y las instituciones autonómicas están sujetas. Esta es la razón por la que está terminantemente prohibido realizar un referéndum en Cataluña o las provincias vascas para independizarse de sí mismos como españoles que son y serán a perpetuidad. La Constitución Española no permite un referéndum para autodestruirse; la legislación española no es ciencia-ficción. Por lealtad, obediencia y legitimación constitucional se prohíbe cualquier proceso de independencia o de autodeterminación vasca y/o catalana, porque dichos procesos atentan contra el Estado de Derecho. España jamás aceptará un golpe de Estado institucional en ninguna Comunidad Autónoma.

Artículo 150
LA COORDINACIÓN DE COMPETENCIAS LEGISLATIVAS.

1. Las Cortes Generales, en materias de competencia estatal, podrán atribuir a todas o a alguna de las Comunidades Autónomas la facultad de dictar, para sí mismas, normas legislativas en el marco de los principios, bases y directrices fijados por una ley estatal. Sin perjuicio de la competencia de los Tribunales, en cada ley marco se estable-

cerá la modalidad del control de las Cortes Generales sobre estas normas legislativas de las Comunidades Autónomas.

El Congreso de los Diputados y el Senado podrán realizar leyes marco y leyes de delegación que permitirían dar nuevas competencias a las Comunidades Autónomas, incluso permitirían dar competencias exclusivas del Estado como sería la delicada creación de una policía autonómica, la cual siempre deberá obedecer al Estado español que la creó constitucionalmente y hacerlo con absoluta lealtad a España, a Su Majestad el Rey don Felipe VI y a la Constitución Española.

LAS LEYES DE REPARTO DE COMPETENCIAS.

2. El Estado podrá transferir o delegar en las Comunidades Autónomas, mediante ley orgánica, facultades correspondientes a materia de titularidad estatal que por su propia naturaleza sean susceptibles de transferencia o delegación. La ley preverá en cada caso la correspondiente transferencia de medios financieros, así como las formas de control que se reserve el Estado.

3. El Estado podrá dictar leyes que establezcan los principios necesarios para armonizar las disposiciones normativas de las Comunidades Autónomas, aun en el caso de materias atribuidas a la competencia de éstas, cuando así lo exija el interés general. Corresponde a las Cortes Generales, por mayoría absoluta de cada Cámara, la apreciación de esta necesidad.

El Congreso de los Diputados y el Senado podrán realizar leyes de armonización, las cuales tienen unos planteamientos comunes que permiten igualar al máximo posible las normas de todas las Comunidades Autónomas.

Artículo 151
LAS COMUNIDADES AUTÓNOMAS CON TODAS
LAS COMPETENCIAS Y LA ELABORACIÓN
DEL ESTATUTO EN RÉGIMEN ESPECIAL.

1. No será preciso dejar transcurrir el plazo de cinco años, a que se refiere el apartado 2 del Artículo 148, cuando la iniciativa del proceso autonómico sea acordada dentro del plazo del Artículo 143.2, además de por las Diputaciones o los órganos interinsulares correspondientes, por las tres cuartas partes de los municipios de cada una de las provincias afectadas que representen, al menos, la mayoría del censo electoral de cada una de ellas y dicha iniciativa sea ratificada me-

> diante referéndum por el voto afirmativo de la mayoría absoluta de los electores de cada provincia en los términos que establezca una ley orgánica.

Es posible que una Comunidad Autónoma pueda aceptar todas sus competencias de una sola vez, y así no hacerlo poco a poco durante un largo tiempo. Para ello es necesario que sea aprobado por el Congreso de los Diputados y el Senado, y con el voto a favor de los ciudadanos de todas las provincias de una Comunidad Autónoma tras haber realizado un referéndum. Así es como los andaluces conseguimos todas las competencias de una vez, al igual que los gallegos, los vascos y los catalanes.

> 2. En el supuesto previsto en el apartado anterior, el procedimiento para la elaboración del Estatuto será el siguiente:
> 1º. El Gobierno convocará a todos los Diputados y Senadores elegidos en las circunscripciones comprendidas en el ámbito territorial que pretenda acceder al autogobierno, para que se constituyan en Asamblea, a los solos efectos de elaborar el correspondiente proyecto de Estatuto de Autonomía, mediante el acuerdo de la mayoría absoluta de sus miembros.
> 2º. Aprobado el proyecto de Estatuto por la Asamblea de Parlamentarios, se remitirá a la Comisión Constitucional del Congreso, la cual, dentro del plazo de dos meses, lo examinará con el concurso y asistencia de una delegación de la Asamblea proponente para determinar de común acuerdo su formulación definitiva.
> 3º. Si se alcanzare dicho acuerdo, el texto resultante será sometido a referéndum del cuerpo electoral de las provincias comprendidas en el ámbito territorial del proyectado Estatuto.
> 4º. Si el proyecto de Estatuto es aprobado en cada provincia por la mayoría de los votos válidamente emitidos, será elevado a las Cortes Generales. Los Plenos de ambas Cámaras decidirán sobre el texto mediante un voto de ratificación. Aprobado el Estatuto, el Rey lo sancionará y lo promulgará como ley.
> 5º. De no alcanzarse el acuerdo a que se refiere el apartado 2º de este número, el proyecto de Estatuto será tramitado como proyecto de ley ante las Cortes Generales. El texto aprobado por éstas será sometido a referéndum del cuerpo electoral de las provincias comprendidas en el ámbito territorial del proyectado Estatuto. En caso de ser aprobado

por la mayoría de los votos válidamente emitidos en cada provincia, procederá su promulgación en los términos del párrafo anterior.

3. En los casos de los párrafos 4 y 5 del apartado anterior, la no aprobación del proyecto de Estatuto por una o varias provincias no impedirá la constitución entre las restantes de la Comunidad Autónoma proyectada, en la forma que establezca la ley orgánica prevista en el apartado 1 de este Artículo.

Artículo 152
LOS ÓRGANOS O LAS INSTITUCIONES DE LAS COMUNIDADES AUTÓNOMAS.

1. En los Estatutos aprobados por el procedimiento a que se refiere el Artículo anterior, la organización institucional autonómica se basará en una Asamblea Legislativa, elegida por sufragio universal, con arreglo a un sistema de representación proporcional que asegure, además, la representación de las diversas zonas del territorio; un Consejo de Gobierno con funciones ejecutivas y administrativas y un Presidente, elegido por la Asamblea, de entre sus miembros, y nombrado por el Rey, al que corresponde la dirección del Consejo de Gobierno, la suprema representación de la respectiva Comunidad y la ordinaria del Estado en aquélla. El Presidente y los miembros del Consejo de Gobierno serán políticamente responsables ante la Asamblea.

Un Tribunal Superior de Justicia, sin perjuicio de la jurisdicción que corresponde al Tribunal Supremo, culminará la organización judicial en el ámbito territorial de la Comunidad Autónoma. En los Estatutos de las Comunidades Autónomas podrán establecerse los supuestos y las formas de participación de aquéllas en la organización de las demarcaciones judiciales del territorio. Todo ello de conformidad con lo previsto en la ley orgánica del poder judicial y dentro de la unidad e independencia de éste.

Sin perjuicio de lo dispuesto en el Artículo 123, las sucesivas instancias procesales, en su caso, se agotarán ante órganos judiciales radicados en el mismo territorio de la Comunidad Autónoma en que esté el órgano competente en primera instancia.

Una Comunidad Autónoma está obligada a tener una Asamblea con Diputados que hayan sido elegidos por los propios ciudadanos de la misma Comunidad Autónoma en unas elecciones autonómicas. La

Asamblea será el lugar donde los Diputados debatirán y votarán sus propias leyes autonómicas; dicha Asamblea suele llamarse Parlamento, aunque en Aragón se denomina Cortes de Aragón, en Asturias es la Junta General de Asturias, en Madrid se denomina Asamblea de Madrid, en Cataluña es la *Generalitat de Catalunya*, etcétera.

El Parlamento, o la Asamblea, también deberá tener un Presidente que dirija el Gobierno autonómico. Y en cada Comunidad Autónoma también habrá un Tribunal Superior de Justicia.

> 2. *Una vez sancionados y promulgados los respectivos Estatutos, solamente podrán ser modificados mediante los procedimientos en ellos establecidos y con referéndum entre los electores inscritos en los censos correspondientes.*

> 3. *Mediante la agrupación de municipios limítrofes, los Estatutos podrán establecer circunscripciones territoriales propias, que gozarán de plena personalidad jurídica.*

Aparte de las provincias, las Comunidades Autónomas también podrán organizar varios grupos de municipios en forma de comarcas.

Artículo 153
EL CONTROL DE LOS ÓRGANOS DE LAS COMUNIDADES AUTÓNOMAS.

> *El control de la actividad de los órganos de las Comunidades Autónomas se ejercerá:*
> *a) Por el Tribunal Constitucional, el relativo a la constitucionalidad de sus disposiciones normativas con fuerza de ley.*
> *b) Por el Gobierno, previo dictamen del Consejo de Estado, el del ejercicio de funciones delegadas a que se refiere el apartado 2 del Artículo 150.*
> *c) Por la jurisdicción contencioso-administrativa, el de la administración autónoma y sus normas reglamentarias.*
> *d) Por el Tribunal de Cuentas, el económico y presupuestario.*

Son varias las instituciones del Estado español las que vigilarán el funcionamiento de las Comunidades Autónomas: el Gobierno de España vigilará que dichas Comunidades cumplen realmente sus funciones, los jueces vigilarán que la Administración y los funcionarios autonómicos cumplen con el imperio de la Ley española, el Tribunal de Cuentas supervisará los ingresos y los gastos autonómicos, y el Tribunal Constitucional supervisará la aplicación de las normativas autonómicas para que jamás se empleen en contra de la Constitución Española. El desafío independentista en el Parlamento de Cataluña en 2017 fue una clara violación de sus propias normas autonómicas, donde su Gobierno autonómico demostró una franca deslealtad constitucional; antisistema, republicanos infiltrados, podemitas, rojos de solemnidad, fascistas de extrema izquierda y lacayos de la oligarquía catalana decidieron no acatar ni legitimar la Constitución Española, desprestigiando los símbolos patrios de la Nación española. Dicha desobediencia al Estado de Derecho fue atajada por el Tribunal Constitucional y otros Tribunales de una forma modélica, ejemplar y democrática. Se aleccionó a esa parte independentista, egoísta e ignorante de la sociedad catalana que estaba obligada a cumplir fielmente la Constitución Española, porque formaban y siguen formando parte de los compromisos constitucionales de España, debiendo contribuir a la convivencia cívica, mostrando un respeto absoluto a las instituciones del Estado español y un respeto todavía mayor a la Corona borbónica de España: Su Majestad el Rey don Felipe VI. «¡Viva el Rey! ¡Viva España!».

Los nacionalistas, secesionistas, separatistas o independentistas vascos y catalanes jamás dejarán de ser españoles, porque siempre serán parte indisoluble de la gran Nación española. Ningún ciudadano español puede desobedecer su Carta Magna, y quien lo haga será castigado de manera contundente y ejemplarizante por el imperio de la Ley española. La libertad de expresión recogida en la Constitución española sí permite expresiones ultranacionalistas e independentistas, pero prohíbe terminantemente que dichas expresiones se conviertan en acciones y prácticas públicas o institucionales: no vivimos en una república bananera ni compartimos vecindad con ninguna ridícula república catalana independiente, sino que convivimos pacífica y democráticamente en una Monarquía parlamentaria: España es universalmente democracia y Patria.

Artículo 154
EL DELEGADO DEL GOBIERNO EN LAS COMUNIDADES AUTÓNOMAS.

> *Un Delegado nombrado por el Gobierno dirigirá la Administración del Estado en el territorio de la Comunidad Autónoma y la coordinará, cuando proceda, con la administración propia de la Comunidad.*

El Delegado del Gobierno autonómico representa al Gobierno del Estado español en una Comunidad Autónoma; es la Administración periférica del Estado, dirigiendo y supervisando los servicios propios de

la Administración General del Estado y sus respectivos Organismos públicos en una Comunidad Autónoma. Y su estructura organizativa es fundamentalmente la siguiente:
- Delegación del Gobierno de la Comunidad Autónoma:
  - Delegado del Gobierno.
- Subdelegaciones del Gobierno en las provincias y Direcciones Insulares:
  - Subdelegado del Gobierno.
- Secretaría General o Vicesecretaría General.
- Áreas Funcionales (Fomento, Sanidad, Inmigración, etcétera).
- Gabinete (asistencia y apoyo al Delegado del Gobierno).
- Comisión Territorial:
  - Subdelegados del Gobierno o Directores Insulares.
  - Secretario General.
  - Jefe de Gabinete.
  - Directores de las Áreas Funcionales.
  - Responsables de servicios varios.

Cumpliendo fielmente la Constitución Española, el Delegado del Gobierno es un intermediario eficaz entre la Presidencia del Gobierno de España y el órgano de Gobierno de la Comunidad Autónoma, tramitando la información oportuna en todo momento. Durante el desafío independentista de Cataluña en 2017, hasta aplicarse el Artículo 155, la figura del Delegado del Gobierno fue crucial y ejemplar ante un *Govern de la Generalitat* desleal, traidor y con muchos de sus miembros finalmente procesados.

Artículo 155
LA INTERVENCIÓN DEL ESTADO
EN LAS COMUNIDADES AUTÓNOMAS.

1. Si una Comunidad Autónoma no cumpliere las obligaciones que la Constitución u otras leyes le impongan, o actuare de forma que atente gravemente al interés general de España, el Gobierno, previo requerimiento al Presidente de la Comunidad Autónoma y, en el caso de no ser atendido, con la aprobación por mayoría absoluta del Senado, podrá adoptar las medidas necesarias para obligar a aquélla al cumplimiento forzoso de dichas obligaciones o para la protección del mencionado interés general.

Si una Comunidad Autónoma incumple sus obligaciones institucionales como ocurrió en la Comunidad Autónoma de Cataluña en 2017, el Gobierno de España podrá actuar siempre *ipso facto*, obligando a las instituciones autonómicas a cumplir el imperio de la Ley española y su Carta Magna, impidiendo que los ciudadanos de la Comunidad Autónoma pierdan sus derechos y sus deberes constitucionales. Para ello, el Senado deberá aceptar la propuesta de intervención autonómica por parte del Gobierno con los votos favorables de la mitad más uno de los Senadores, es decir, con la mayoría absoluta del Senado.

LA REACCIÓN DEL GOBIERNO CON LOS INCUMPLIMIENTOS DE LAS COMUNIDADES AUTÓNOMAS.

> **2. Para la ejecución de las medidas previstas en el apartado anterior, el Gobierno podrá dar instrucciones a todas las autoridades de las Comunidades Autónomas.**

La aplicación del Artículo 155 en Cataluña fue la herramienta legal más efectiva e inequívoca que sirvió para aniquilar el independentismo en todas las provincias catalanas: políticos subversivos y desobedientes fueron detenidos, encarcelados y juzgados; se embargaron bienes para cubrir las fianzas; se ilegalizaron procedimientos independentistas utilizados en la *Generalitat*; etcétera. El Artículo 155 fue una herramienta democrática y avanzada que destruyó masivamente el golpe de Estado institucional cometido por el *Govern de la Generalitat de Catalunya*. Los españoles de pro no olvidaremos jamás aquella falta de lealtad institucional de la *Generalitat*: un repugnante espectáculo mediático que proclamó aquella falsa república independiente, acusando también falsamente al Estado español de haber actuado como una dictadura represora. La sociedad española perdonará, pero no olvidará nunca aquel incumplimiento de la Constitución Española por un amplio sector de la ciudadanía catalana.

Gracias a aquella aplicación del Artículo 155, los catalanes y los vascos independentistas ya saben que sus aspiraciones políticas jamás se llevarán a la práctica, porque la Constitución Española siempre será implacable con ellos hasta que aprendan a convivir democrática y solidariamente con los demás españoles en Cataluña, en las provincias vascas y en cualquier parte de España.

Los constitucionalistas de pro, fieles a la Constitución Española desde 1978, no permitiremos jamás que se ponga en duda, por parte de conspiradores y subversivos, la perpetua unidad y soberanía nacional de España, la cual defenderá, a ley, sangre y fuego, la integridad territorial española, la Patria misma: «¡Viva España!».

Cuando las instituciones catalanas y vascas vulneren el interés general del justo e inequívoco Estado social y democrático de Derecho español, el Artículo 155 será la salvaguarda de los intereses generales de España. Sí o sí, el Artículo 155 fuerza a cualquier Comunidad Autónoma desleal y traidora a cumplir con las incuestionables obligaciones constitucionales. Del mismo modo que Felipe V castigó en 1714 a una Barcelona desleal, traidora y antiborbónica, en 2017 el Artículo 155 aplastó las aspiraciones independentistas en Barcelona y en el resto de Cataluña; todas las provincias catalanas quedaron por enésima vez sometidas y aplastadas por el espíritu de concordia de la Patria española, por la unidad de una gran España solidaria que necesita compartir sus recursos, por una bandera española de obligado sentimiento patrio, por un justísimo imperio de la Ley racionalmente español, por un único país llamado España a perpetuidad. «¡Viva el Rey! ¡Viva España!».

Artículo 156
LA AUTONOMÍA FINANCIERA DE LAS COMUNIDADES AUTÓNOMAS.

1. Las Comunidades Autónomas gozarán de autonomía financiera para el desarrollo y ejecución de sus competencias con arreglo a los principios de coordinación con la Hacienda estatal y de solidaridad entre todos los españoles.

Las Comunidades Autónomas podrán decidir sus propios ingresos y gastos para cumplir con sus competencias y sus obligaciones institucionales, pero cumpliendo también con el principio de estabilidad presupuestaria. En caso contrario, como ocurrió Con la Comunidad Valenciana y Cataluña, endeudadas gravemente por la corrupción y la mala gestión de sus recursos económicos, el Gobierno de España intervendrá y asumirá esas competencias financieras que fueron tan mal administradas por sus gobernantes autonómicos; el Estado español es la salvaguarda del bienestar de los ciudadanos frente a las posibles corruptelas e incompetencias de una minoría de gobernantes autonómicos, generalmente seudopolíticos o politicuchos que se caracterizan por desobedecer o incumplir el buen gobierno que nos enseña la Constitución Española.

2. Las Comunidades Autónomas podrán actuar como delegados o colaboradores del Estado para la recaudación, la gestión y la liquidación de los recursos tributarios de aquél, de acuerdo con las leyes y los Estatutos.

Artículo 157
LOS RECURSOS DE LAS COMUNIDADES AUTÓNOMAS.

1. Los recursos de las Comunidades Autónomas estarán constituidos por:
a) Impuestos cedidos total o parcialmente por el Estado; recargos sobre impuestos estatales y otras participaciones en los ingresos del Estado.
b) Sus propios impuestos, tasas y contribuciones especiales.
c) Transferencias de un Fondo de Compensación Interterritorial y otras asignaciones con cargo a los Presupuestos Generales del Estado.
d) Rendimientos procedentes de su patrimonio e ingresos de derecho privado.
e) El producto de las operaciones de crédito.

Las Comunidades Autónomas obtendrán sus ingresos a partir de la gestión de los impuestos transferidos por el Gobierno de España, de los propios impuestos autonómicos, del Fondo de Compensación Interterritorial, de los Presupuestos Generales del Estado, de la venta de propiedades autonómicas, y de los préstamos cuando se cumpla el principio de estabilidad presupuestaria.

2. Las Comunidades Autónomas no podrán en ningún caso adoptar medidas tributarias sobre bienes situados fuera de su territorio o que supongan obstáculo para la libre circulación de mercancías o servicios.

Las Comunidades Autónomas tendrán absolutamente prohibido crear impuestos que dificulten la contratación de servicios y el comercio.

3. Mediante ley orgánica podrá regularse el ejercicio de las competencias financieras enumeradas en el precedente apartado 1, las normas para resolver los conflictos que pudieran surgir y las posibles formas de colaboración financiera entre las Comunidades Autónomas y el Estado.

Artículo 158

1. En los Presupuestos Generales del Estado podrá establecerse una asignación a las Comunidades Autónomas en función del volumen de los servicios y actividades estatales que hayan asumido y de la ga-

rantía de un nivel mínimo en la prestación de los servicios públicos fundamentales en todo el territorio español.

En los Presupuestos Generales del Estado habrá una partida de dinero para cada Comunidad Autónoma.

EL FONDO DE COMPENSACIÓN INTERTERRITORIAL.

2. Con el fin de corregir desequilibrios económicos interterritoriales y hacer efectivo el principio de solidaridad, se constituirá un Fondo de Compensación con destino a gastos de inversión, cuyos recursos serán distribuidos por las Cortes Generales entre las Comunidades Autónomas y provincias, en su caso.

El Fondo de Compensación Interterritorial (FCI) será la institución del Estado español encargada de repartir dinero entre las Comunidades Autónomas según sus necesidades, e intentando que haya un reparto justo e igualitario entre ellas. Dicho reparto de dinero se decidirá en el Congreso de los Diputados y en el Senado.

Título IX

Del Tribunal Constitucional

El Título IX presenta la institución de un Tribunal especial para la defensa de la Constitución Española, y así evitar cualquier agresión o vulneración de la misma como ha ocurrido con algunos gobiernos autonómicos catalanes y vascos. Es el más elevado Tribunal de España capaz de interpretar perfectamente nuestra Carta Magna, arbitrando además de manera imparcial e incuestionable cualquier conflicto que se produzca al desarrollar legislativamente nuestra Constitución.

Artículo 159
EL TRIBUNAL CONSTITUCIONAL.

1. El Tribunal Constitucional se compone de 12 miembros nombrados por el Rey; de ellos, cuatro a propuesta del Congreso por mayoría de tres quintos de sus miembros; cuatro a propuesta del Senado, con idéntica mayoría; dos a propuesta del Gobierno, y dos a propuesta del Consejo General del Poder Judicial.

2. Los miembros del Tribunal Constitucional deberán ser nombrados entre Magistrados y Fiscales, Profesores de Universidad, funcionarios públicos y Abogados, todos ellos juristas de reconocida competencia con más de quince años de ejercicio profesional.

3. Los miembros del Tribunal Constitucional serán designados por un período de nueve años y se renovarán por terceras partes cada tres.

4. La condición de miembro del Tribunal Constitucional es incompatible: con todo mandato representativo; con los cargos políticos o administrativos; con el desempeño de funciones directivas en un partido político o en un sindicato y con el empleo al servicio de los mismos; con el ejercicio de las carreras judicial o fiscal, y con cualquier actividad profesional o mercantil.
En lo demás, los miembros del Tribunal Constitucional tendrán las incompatibilidades propias de los miembros del poder judicial.

> 5. Los miembros del Tribunal Constitucional serán independientes e inamovibles en el ejercicio de su mandato.

Los miembros del Tribunal Constitucional serán independientes (no pertenecerán a ningún partido político ni obedecerán a ningún Gobierno) y serán inamovibles (nadie podrá cambiarles de ciudad ni de lugar ni despedirles).

Artículo 160
EL PRESIDENTE DEL TRIBUNAL CONSTITUCIONAL.

> El Presidente del Tribunal Constitucional será nombrado entre sus miembros por el Rey, a propuesta del mismo Tribunal en pleno y por un período de tres años.

Artículo 161
LAS COMPETENCIAS DEL TRIBUNAL CONSTITUCIONAL.

> 1. El Tribunal Constitucional tiene jurisdicción en todo el territorio español y es competente para conocer:
> a) Del recurso de inconstitucionalidad contra leyes y disposiciones normativas con fuerza de ley. La declaración de inconstitucionalidad de una norma jurídica con rango de ley, interpretada por la jurisprudencia, afectará a ésta, si bien la sentencia o sentencias recaídas no perderán el valor de cosa juzgada.
> b) Del recurso de amparo por violación de los derechos y libertades referidos en el Artículo 53.2, de esta Constitución, en los casos y formas que la ley establezca.
> c) De los conflictos de competencia entre el Estado y las Comunidades Autónomas o de los de éstas entre sí.
> d) De las demás materias que le atribuyan la Constitución o las leyes orgánicas.

a) El Tribunal Constitucional decidirá si una ley cumple con la Constitución Española. Si alguien piensa que una ley incumple nuestra Carta Magna, presentará un recurso de inconstitucionalidad para dicha ley. Así, el Tribunal Constitucional podrá decidir si la ley incumple o cumple nuestra Constitución; en caso de incumplirla, la ley será inconstitucional y quedará anulada *ipso facto*. Uno de los mayores logros del Tribunal Constitucional fueron las anulaciones de la Ley del Referéndum y la Ley de Transitoriedad Jurídica aprobadas ilegalmente en el Parlamento de Cataluña en 2017. En la *Generalitat* de Cataluña prevalecieron procedimientos reglamentarios alegales e ilegales, sin garantías propias de un Estado de Derecho, deslegitimando las instituciones autonómicas catalanas hasta convertirlas en un patético estercolero independentista, antimonárquico y antipatriótico. Fue un golpe de Estado a nivel autonómico: los españoles de pro sentimos vergüenza ajena. Por primera vez en la Historia de España, los gobernantes de la *Generalitat* se comportaron como bestias institucionales, desleales y traidores, como si fueran meros delincuentes, proxenetas políticos, chulos independentistas, plañideras de fanáticos callejeros, niñatos politicuchos con mucha pose y ninguna racionalidad. Pero gracias al Tribunal Constitucional, se abortó aquel bochornoso proceso de independencia, aquel intento de separación territorial; se prohibió el mayor ataque institucional a nuestra democracia y Patria; se hizo justicia con la Historia de España; y se corroboró la absoluta legitimación, por parte de la inmensa mayoría de los españoles, del Estado de Derecho y de la misma Constitución Española. Por primera vez, todos los ciudadanos españoles pudimos comprobar el incalculable mérito y valor que tiene institucionalmente el Tribunal Constitucional para nuestra gran Nación española. «¡Viva España!».

b) El Tribunal Constitucional podrá decidir si se han vulnerado los derechos y las libertades de alguien que así lo piensa.

c) El Tribunal Constitucional tomará una decisión en los conflictos entre varias Comunidades Autónomas o los conflictos entre ellas y el Gobierno de España.

> **2. El Gobierno podrá impugnar ante el Tribunal Constitucional las disposiciones y resoluciones adoptadas por los órganos de las Comunidades Autónomas. La impugnación producirá la suspensión de la disposición o resolución recurrida, pero el Tribunal, en su caso, deberá ratificarla o levantarla en un plazo no superior a cinco meses.**

El Gobierno podrá pedir al Tribunal Constitucional la anulación de una norma autonómica, tal y como bien hizo con las ridículas normas que se aprobaron en el Parlamento de Cataluña en 2017 para independizarse y crear así una corrupta república bananera en las provincias catalanas.

Ante cualquier solicitud del Gobierno de España para anular una norma autonómica, el Tribunal Constitucional dispondrá de cinco meses para tomar una decisión definitiva. Mientras tanto, dicha norma autonómica quedará paralizada. Así es como ocurrió en Cataluña, porque todo el proceso independentista salió a la luz y se retrató como lo que fue: una completa y absoluta ilegalidad. Pero el proceso se invalidó democráticamente con el imperio de la Ley, con las Fuerzas y Cuerpos de Seguridad del Estado y la práctica totalidad de la opinión pública española a favor de dicha invalidación: la democracia y la Patria no permitieron ni permitirán nunca experimentos independentistas mientras el Tribunal Constitucional proteja nuestra Constitución Española.

Artículo 162
RECURSOS DE INCONSTITUCIONALIDAD Y AMPARO.

1. Están legitimados:
a) Para interponer el recurso de inconstitucionalidad, el Presidente del Gobierno, el Defensor del Pueblo, 50 Diputados, 50 Senadores, los órganos colegiados ejecutivos de las Comunidades Autónomas y, en su caso, las Asambleas de las mismas.
b) Para interponer el recurso de amparo, toda persona natural o jurídica que invoque un interés legítimo, así como el Defensor del Pueblo y el Ministerio Fiscal.

2. En los demás casos, la ley orgánica determinará las personas y órganos legitimados.

Artículo 163
LA CUESTIÓN DE INCONSTITUCIONALIDAD.

Cuando un órgano judicial considere, en algún proceso, que una norma con rango de ley, aplicable al caso, de cuya validez dependa el fallo, pueda ser contraria a la Constitución, planteará la cuestión ante el Tribunal Constitucional en los supuestos, en la forma y con los efectos que establezca la ley, que en ningún caso serán suspensivos.

Un Juez podrá plantear una cuestión de inconstitucionalidad cuando tenga serias dudas de que una ley cumpla realmente la Constitución Española. Por lo tanto, antes de que un Juez aplique dicha ley en un juicio, podrá preguntar al Tribunal Constitucional y así solventar su duda.

Artículo 164
LAS SENTENCIAS DEL TRIBUNAL CONSTITUCIONAL.

1. Las sentencias del Tribunal Constitucional se publicarán en el boletín oficial del Estado con los votos particulares, si los hubiere. Tienen el valor de cosa juzgada a partir del día siguiente de su publicación y no cabe recurso alguno contra ellas. Las que declaren la inconstitucio-

nalidad de una ley o de una norma con fuerza de ley y todas las que no se limiten a la estimación subjetiva de un derecho, tienen plenos efectos frente a todos.

Nadie podrá recurrir jamás una sentencia del Tribunal Constitucional; gracias a ello, dicha sentencia da por cerrado y solucionado el conflicto que hubiera.

2. Salvo que en el fallo se disponga otra cosa, subsistirá la vigencia de la ley en la parte no afectada por la inconstitucionalidad.

Artículo 165
LA ORGANIZACIÓN DEL TRIBUNAL CONSTITUCIONAL.

Una ley orgánica regulará el funcionamiento del Tribunal Constitucional, el estatuto de sus miembros, el procedimiento ante el mismo y las condiciones para el ejercicio de las acciones.

La estructura jurisdiccional del Tribunal Constitucional, de mayor a menor rango, es la siguiente:
- Pleno (Presidente, Vicepresidente y Magistrados).
- Sala Primera (Presidente de la Sala y Magistrados):
    - Sección Primera (Presidente de la Sección y Magistrados).
    - Sección Segunda (Presidente de la Sección y Magistrados).
- Sala Segunda (Presidente de la Sala y Magistrados):
    - Sección Tercera (Presidente de la Sección y Magistrados).
    - Sección Cuarta (Presidente de la Sección y Magistrados).

Y la estructura de los Órganos de Gobierno y Administración es:
- Pleno Gubernativo (Presidente, Vicepresidente y Magistrados).
- Presidencia (Presidente):
    - Gabinete de la Presidencia (Jefe del Gabinete de la Presid.).
- Junta de Gobierno (Presidente, Vicepresidente y Magistrados):
    - Secretario General.
    - Secretario General Adjunto:
        . Servicio de Gerencia.
        . Servicio de Estudios.
        . Servicio de Biblioteca y Documentación.
        . Servicio de Doctrina Constitucional.
        . Servicio de Informática.
        . Registro General.
        . Archivo General.
- Otros:
    - Intervención (Interventor).
    - Mesa de Contratación (Presidente, Vocales y Secretaria).

Título X

De la reforma constitucional

El Título X presenta los mecanismos para realizar reformas en esta misma Constitución.

Este Título es el menos extenso de la Carta Magna, y solo presenta cuatro Artículos. No es necesario que este Título sea más amplio, porque tenemos una Constitución caracterizada por su máxima actualidad y precisión. La Constitución Española está redactada para que permanezca incuestionablemente vigente durante siglos. Aunque bien es cierto que nuestra Carta Magna puede reformarse mínimamente cuando la ciudadanía, los Diputados, los Senadores y la Corona española piensen, todos por mayoría favorable, que realmente es necesario algún pequeño cambio de manera muy específica, y que dicha reforma no afecta a los pilares fundamentales de España: soberanía nacional, Corona española, Monarquía parlamentaria, unidad territorial e indivisible de España, economía de mercado capitalista, Comunidades Autónomas subordinadas al Estado español, etcétera. Para una reforma de la Constitución Española siempre se necesitará un acuerdo a favor amplísimo entre los Diputados y los Senadores, evitándose así reformas oportunistas, populistas y electoralistas que son propias de republicanos infiltrados, fascistas de extrema derecha, podemitas, nacionalistas, comunistas, independentistas, rojos, etcétera.

La Constitución Española está blindada ante cualquier agresión o amenaza política, asegurando en primer lugar el Estado social y democrático de Derecho para todos los ciudadanos españoles. Y esto demuestra que no hay mayor ley que nuestra Carta Magna, que la Constitución Española es una "Superley". «¡Viva el Rey! ¡Viva España!».

Artículo 166
INICIATIVA DE LA REFORMA CONSTITUCIONAL.

La iniciativa de reforma constitucional se ejercerá en los términos previstos en los apartados 1 y 2 del Artículo 87.

La reforma de la Constitución Española la podrán proponer el Gobierno, el Congreso de los Diputados, el Senado y las Comunidades Autónomas.

Nunca se admitirá a trámite ninguna reforma constitucional con pretensiones nacionalistas, secesionistas, separatistas o independentistas por parte de cualquier Comunidad Autónoma. Los gobernantes independentistas catalanes y vascos jamás lograrán ninguna reforma constitucional para sus desafíos independentistas o para sus procesos de autodeterminación; la Carta Magna no puede modificarse para su autodestrucción.

Cualquier reforma de la Constitución Española debe beneficiar por igual a todos y cada uno de los españoles que vivan en cualquier lugar de España.

Artículo 167
LAS REFORMAS ORDINARIAS DE LA CONSTITUCIÓN.

1. Los proyectos de reforma constitucional deberán ser aprobados por una mayoría de tres quintos de cada una de las Cámaras. Si no hubiera acuerdo entre ambas, se intentará obtenerlo mediante la creación de una Comisión de composición paritaria de Diputados y Senadores, que presentará un texto que será votado por el Congreso y el Senado.

Cualquier reforma de la Constitución Española quedará aceptada cuando voten a favor tres de cada cinco Diputados y tres de cada cinco Senadores, es decir, cuando haya una mayoría reforzada.

En el caso de que los Diputados y los Senadores no se pongan de acuerdo, deberán formar un grupo de trabajo unificado para negociar. Dicho grupo de trabajo deberá plantear una propuesta para que sea votada por todos los Diputados y los Senadores.

LOS VOTOS NECESARIOS
PARA LA REFORMA DE LA CONSTITUCIÓN.

2. De no lograrse la aprobación mediante el procedimiento del apartado anterior, y siempre que el texto hubiere obtenido el voto favorable de la mayoría absoluta del Senado, el Congreso, por mayoría de dos tercios, podrá aprobar la reforma.

En el caso de que los Diputados y los Senadores continúen en desacuerdo, la reforma constitucional será aceptada cuando voten a favor dos de cada tres Diputados y la mitad más uno de los Senadores.

3. Aprobada la reforma por las Cortes Generales, será sometida a referéndum para su ratificación cuando así lo soliciten, dentro de los

> quince días siguientes a su aprobación, una décima parte de los miembros de cualquiera de las Cámaras.

Los Diputados y los Senadores podrán proponer un referéndum para que los ciudadanos españoles puedan votar a favor o en contra de la ya aprobada reforma constitucional.

Artículo 168
LAS REFORMAS ESENCIALES DE LA CONSTITUCIÓN Y LA REFORMA ESPECIAL DE ALGUNAS PARTES.

> *1. Cuando se propusiere la revisión total de la Constitución o una parcial que afecte al Título preliminar, al Capítulo segundo, Sección 1ª del Título I, o al Título II, se procederá a la aprobación del principio por mayoría de dos tercios de cada Cámara, y a la disolución inmediata de las Cortes.*

Hay algunas partes de la Constitución Española que son trascendentales para nuestra democracia y la Patria; son partes fundamentales de nuestra naturaleza española: España es un Estado social y democrático de Derecho con una Monarquía parlamentaria. Luego se necesitarán más acuerdos entre los Diputados y los Senadores cuando se pretenda reformar cuestiones que afectan al Título preliminar (derechos y libertades) y a la Corona (Su Majestad el Rey don Felipe VI). Para reformar semejantes Artículos claves, fundamentales, identitarios e históricos para la Nación española, se necesitará el cumplimiento de los siguientes pasos: dos de cada tres Diputados y dos de cada tres Senadores deberán votar a favor, los ciudadanos españoles deberán votar en unas nuevas elecciones generales a los Diputados y a los Senadores, dos de cada tres de los nuevos Diputados y dos de cada tres de los nuevos Senadores deberán votar a favor de dicha reforma, y finalmente los ciudadanos españoles deberán votar a favor de dicha reforma constitucional en un referéndum.

> *2. Las Cámaras elegidas deberán ratificar la decisión y proceder al estudio del nuevo texto constitucional, que deberá ser aprobado por mayoría de dos tercios de ambas Cámaras.*

> *3. Aprobada la reforma por las Cortes Generales, será sometida a referéndum para su ratificación.*

Artículo 169
PROHIBICIÓN A LA REFORMA CONSTITUCIONAL.

> *No podrá iniciarse la reforma constitucional en tiempo de guerra o de vigencia de alguno de los estados previstos en el Artículo 116.*

Se trata de prohibir la reforma constitucional en un momento en que España pudiera estar en guerra (un conflicto bélico externo con Marruecos por haber invadido Ceuta y/o Melilla, o un conflicto bélico interno con fuerzas paramilitares-independentistas vascas y/o catalanas). Tampoco se podría hacer una reforma constitucional cuando España se encontrase en una situación de emergencia nacional o una gravísima catástrofe sanitaria o natural, porque algunos derechos ciudadanos podrían estar limitados dadas las fatales circunstancias.

Disposiciones adicionales

La siguiente parte de esta Constitución Española incluye varias disposiciones que tienen la misma validez que los Artículos, y sirven para aclaran algunos asuntos de manera más específica.

Primera
DERECHOS HISTÓRICOS DE LOS TERRITORIOS FORALES.

La Constitución ampara y respeta los derechos históricos de los territorios forales.
La actualización general de dicho régimen foral se llevará a cabo, en su caso, en el marco de la Constitución y de los Estatutos de Autonomía.

Se trata de valorar y proteger los derechos históricos de los denominados territorios forales (las provincias vascas y Navarra), unos derechos casi medievales y propios de algunas regiones de España que la Constitución Española les permite disfrutar como muestra de reconocimiento a la riqueza cultural de la gran Nación española.

Hay una importante deuda histórica saldada con las provincias vascas y Navarra que se traduce en el respeto de sus sistemas políticos más tradicionales, porque en el siglo XVIII demostraron su fidelidad a la causa borbónica de Felipe V.

Segunda
LA MAYORÍA DE EDAD SEGÚN LOS DERECHOS FORALES.

La declaración de mayoría de edad contenida en el Artículo 12 de esta Constitución no perjudica las situaciones amparadas por los derechos forales en el ámbito del Derecho privado.

Los ciudadanos de España podrán ejercer determinados derechos en algunas Comunidades Autónomas, como Navarra y las provincias vascas, con menos de dieciocho años. Y también la mayoría de edad podrá ser diferente a los dieciocho años en dichas Comunidades Autónomas cuando esté amparada por los derechos forales.

Tercera
EL RÉGIMEN ECONÓMICO Y FISCAL DE CANARIAS.

> *La modificación del régimen económico y fiscal del archipiélago canario requerirá informe previo de la Comunidad Autónoma o, en su caso, del órgano provisional autonómico.*

El Gobierno de España deberá consultar con la Comunidad Autónoma de Canarias cualquier alteración o cambio en los impuestos especiales canarios.

Cuarta
DISTRIBUCIÓN DE COMPETENCIAS DE TRIBUNALES SUPERIORES DE JUSTICIA EN COMUNIDAD AUTÓNOMA.

> *En las Comunidades Autónomas donde tengan su sede más de una Audiencia Territorial, los Estatutos de Autonomía respectivos podrán mantener las existentes, distribuyendo las competencias entre ellas, siempre de conformidad con lo previsto en la ley orgánica del poder judicial y dentro de la unidad e independencia de éste.*

Las Comunidades Autónomas que tengan varios Tribunales Superiores de Justicia deberán repartir sus competencias y trabajos entre dichos Tribunales.

Disposiciones transitorias

Estas Disposiciones transitorias fijaron unas determinadas fechas, durante los primeros años de la Constitución Española, para abordar algunas cuestiones que estaban abiertas.

Primera
LA INICIATIVA DE LA ELABORACIÓN DEL ESTATUTO DE AUTONOMÍA POR LOS ÓRGANOS PREAUTONÓMICOS.

> En los territorios dotados de un régimen provisional de autonomía, sus órganos colegiados superiores, mediante acuerdo adoptado por la mayoría absoluta de sus miembros, podrán sustituir la iniciativa que el apartado 2 del Artículo 143 atribuye a las Diputaciones Provinciales o a los órganos interinsulares correspondientes.

Explica los pasos que debieron dar las regiones de España para convertirse en Comunidades Autónomas.

Segunda

> Los territorios que en el pasado hubiesen plebiscitado afirmativamente proyectos de Estatuto de Autonomía y cuenten, al tiempo de promulgarse esta Constitución, con regímenes provisionales de autonomía podrán proceder inmediatamente en la forma que se prevé en el apartado 2 del Artículo 148, cuando así lo acordaren, por mayoría absoluta, sus órganos preautonómicos colegiados superiores, comunicándolo al Gobierno. El proyecto de Estatuto será elaborado de acuerdo con lo establecido en el Artículo 151, número 2, a convocatoria del órgano colegiado preautonómico.

Tercera

> La iniciativa del proceso autonómico por parte de las Corporaciones locales o de sus miembros, prevista en el apartado 2 del Artículo 143, se entiende diferida, con todos sus efectos, hasta la celebración de las primeras elecciones locales una vez vigente la Constitución.

Cuarta

1) En el caso de Navarra, y a efectos de su incorporación al Consejo General Vasco o al régimen autonómico vasco que le sustituya, en lugar de lo que establece el Artículo 143 de la Constitución, la iniciativa corresponde al Órgano Foral competente, el cual adoptará su decisión por mayoría de los miembros que lo componen. Para la validez de dicha iniciativa será preciso, además, que la decisión del Órgano Foral competente sea ratificada por referéndum expresamente convocado al efecto, y aprobado por mayoría de los votos válidos emitidos.

2) Si la iniciativa no prosperase, solamente se podrá reproducir la misma en distinto periodo del mandato del Órgano Foral competente y, en todo caso, cuando haya transcurrido el plazo mínimo que establece el Artículo 143.

Quinta

LAS CIUDADES DE CEUTA Y MELILLA.

Las ciudades de Ceuta y Melilla podrán constituirse en Comunidades Autónomas si así lo deciden sus respectivos Ayuntamientos, mediante acuerdo adoptado por la mayoría absoluta de sus miembros y así lo autorizan las Cortes Generales, mediante una ley orgánica, en los términos previstos en el Artículo 144.

Se explica cómo Ceuta y Melilla pudieron tener su propio Estatuto de Autonomía durante los primeros años de la Constitución Española.

Sexta

Cuando se remitieran a la Comisión Constitucional del Congreso varios proyectos de Estatuto, se dictaminarán por el orden de entrada en aquélla, y el plazo de dos meses a que se refiere el Artículo 151 empezará a contar desde que la Comisión termine el estudio del proyecto o proyectos de que sucesivamente haya conocido.

Séptima
LA DISOLUCIÓN DE LOS ÓRGANOS PROVISIONALES AUTONÓMICOS.

Los organismos provisionales autonómicos se considerarán disueltos en los siguientes casos:
a) Una vez constituidos los órganos que establezcan los Estatutos de Autonomía aprobados conforme a esta Constitución.
b) En el supuesto de que la iniciativa del proceso autonómico no llegara a prosperar por no cumplir los requisitos previstos en el Artículo 143.
c) Si el organismo no hubiera ejercido el derecho que le reconoce la disposición transitoria primera en el plazo de tres años.

Octava
LAS ACTUALES CÁMARAS Y EL GOBIERNO DESPUÉS DE APROBARSE LA CONSTITUCIÓN ESPAÑOLA.

1) Las Cámaras que han aprobado la presente Constitución asumirán, tras la entrada en vigor de la misma, las funciones y competencias que en ella se señalan, respectivamente para el Congreso y el Senado, sin que en ningún caso su mandato se extienda más allá del 15 de junio de 1981.
2) A los efectos de lo establecido en el Artículo 99, la promulgación de la Constitución se considerará como supuesto constitucional en el que procede su aplicación. A tal efecto, a partir de la citada promulgación se abrirá un período de treinta días para la aplicación de lo dispuesto en dicho Artículo.
Durante este período, el actual Presidente del Gobierno, que asumirá las funciones y competencias que para dicho cargo establece la Constitución, podrá optar por utilizar la facultad que le reconoce el Artículo 115 o dar paso, mediante la dimisión, a la aplicación de lo establecido en el Artículo 99, quedando en este último caso en la situación prevista en el apartado 2 del Artículo 101.
3) En caso de disolución, de acuerdo con lo previsto en el Artículo 115 y, si no se hubiera desarrollado legalmente lo previsto en los Artículos 68 y 69, serán de aplicación en las elecciones las normas vigentes con anterioridad, con las solas excepciones de que en lo refe-

> rente a la inelegibilidades e incompatibilidades se aplicará directamente lo previsto en el inciso segundo de la letra b) del apartado 1 del Artículo 70 de la Constitución, así como lo dispuesto en la misma respecto a la edad para el voto y lo establecido en el Artículo 69. 3.

Novena
LA PRIMERA RENOVACIÓN
DEL TRIBUNAL CONSTITUCIONAL.

> A los tres años de la elección por vez primera de los miembros del Tribunal Constitucional se procederá por sorteo para la designación de un grupo de cuatro miembros de la misma procedencia electiva que haya de cesar y renovarse. A estos solos efectos se entenderán agrupados como miembros de la misma procedencia a los dos designados a propuesta del Gobierno y a los dos que proceden de la formulada por el Consejo General del Poder Judicial. Del mismo modo se procederá transcurridos otros tres años entre los dos grupos no afectados por el sorteo anterior. A partir de entonces se estará a lo establecido en el número 3 del Artículo 159.

Explica cómo fue el primer cambio de los Jueces del Tribunal Constitucional cuando la Constitución Española ya estaba en marcha y aplicándose en toda España.

Disposición derogatoria

LA DEROGACIÓN DE LAS LEYES FUNDAMENTALES, Y LA DEROGACIÓN DEL REAL DECRETO DE 25 DE OCTUBRE DE 1839 Y LEY DE 21 DE JULIO DE 1876.

1) Queda derogada la Ley 1/1977, de 4 de enero, para la Reforma Política, así como, en tanto en cuanto no estuvieran ya derogadas por la anteriormente mencionada Ley, la de Principios del Movimiento Nacional, de 17 de mayo de 1958; el Fuero de los Españoles de 17 de julio de 1945; el del Trabajo de 9 de marzo de 1938; la Ley Constitutiva de las Cortes, de 17 de julio de 1942; la Ley de Sucesión en la Jefatura del Estado de 26 de julio de 1947, todas ellas modificadas por la Ley Orgánica del Estado, de 10 de enero de 1967, y en los mismos términos esta última y la de Referéndum Nacional de 22 de octubre de 1945.

2) En tanto en cuanto pudiera conservar alguna vigencia, se considera definitivamente derogada la Ley de 25 de octubre de 1839 en lo que pudiera afectar a las provincias de Álava, Guipúzcoa y Vizcaya.
En los mismos términos se considera definitivamente derogada la Ley de 21 de julio de 1876.

3) Asimismo quedan derogadas cuantas disposiciones se opongan a lo establecido en esta Constitución.

Esta Disposición derogatoria anula todas las leyes anteriores que tengan un contenido contrario a la presente Constitución Española.

Disposición final

Esta Disposición final es fundamental en nuestra Carta Magna, porque especifica que la Constitución Española deberá cumplirse, como se ha venido haciendo desde hace décadas, desde el mismísimo día 29 de diciembre de 1978 en que se publicó en el Boletín Oficial del Estado (la publicación de las instituciones del Estado español donde se informa a la ciudadanía española de las decisiones tomadas por el Gobierno, de las leyes aprobadas, etcétera).

He aquí toda la Constitución Española, nuestra Carta Magna a perpetuidad, para cumplirla, obedecerla, acatarla, legitimarla y amarla; por y para España, por y para los españoles de pro: «¡Viva el Rey! ¡Viva España!».

Esta Constitución entrará en vigor el mismo día de la publicación de su texto oficial en el "Boletín Oficial del Estado". Se publicará también en las demás lenguas de España.

Por tanto,

Mando a todos los españoles, particulares y autoridades, que guarden y hagan guardar esta Constitución como norma fundamental del Estado.

Palacio de las Cortes, a veintisiete de diciembre de mil novecientos setenta y ocho.

Juan Carlos R.

| El Presidente de las Cortes
Antonio Hernández Gil | El Presidente del Congreso de los Diputados
Fernando Álvarez de Miranda y Torres | El Presidente del Senado
Antonio Fontán Pérez |

ÍNDICE GENERAL DE TÉRMINOS

Abogado de oficio 57, 63
Acción Popular (Jurado) 148
Acogida de extranjeros 50
Acreditación de embajadores 95
Actividad económica 153
Actores 79
Actos terroristas 42, 52
Actuación legislativa del Senado 118
Acuerdos internacionales 120
Administración Autonómica 130
Administración General del Estado 129
Administración Local 130
Administración militar 41
Administración Pública 41, 128-131
Adoctrinamiento 65, 66, 67
Adopción de Acuerdos en las Cámaras 111
Agricultura 152
Agua 72, 81
Alcalde 130, 166
Aldea 130
Alumnos 65, 66
Allanamiento de morada 58
Ancianos 82
Ángeles custodios 131, 143
Antiborbónico 34, 185
Antidisturbios 61
Antiespañol 65
Antigüedad hispana 55, 88
Antiguo Régimen 89
Antipatriótico 22, 64, 65
Antisistema 41, 170, 182
Apoyo a la Constitución Española 23
Área metropolitana 130
Armada 42
Artesanía 152
Artículo 155 pág. 183-185, 129, 164
Asilo político 50
Asimétrico 164
Asistencia sanitaria 78
Asociaciones empresariales 40, 41
Asociaciones legales 61
Asociaciones secretas 62

Ataque bélico externo o interno 70
Atentado yihadista 42, 52, 60, 70, 86
Audiencia Nacional 140, 165
Audiencia Provincial 141
Autogobierno 32
Autonomía 30
Ayuntamiento 40, 130, 166
Bandera española 28, 37, 38, 39, 185
Barcelona 33, 34, 90, 185
Bienes de dominio público 154
Bienestar 20, 42, 54, 77, 81, 83, 163
Blindaje de la Carta Magna 29
BOE 119, 130, 204
Bolivia 48
Budismo 55
Buen español 23
Cabildo 103
Calidad de vida 21, 79, 83
Calumnias 57
Cámara Alta (Senado) 99-120
Cámara Baja (Congreso de los Diputados) 99-120
Cámara de comercio 84
Campañas de prevención para la salud 78
Cantantes 79
Capacidad contributiva 70
Capitalismo 71, 74, 193
Cárcel 56, 64
Carlos III 38
Carne de presidio 64
Casa Real 39, 96
Castellano 35
Castigo 27, 53, 56
Catalanes 30, 31, 33-35, 38, 59, 62, 65-67, 69, 86, 90, 104, 105, 107, 151, 163, 170, 171, 177, 182, 184, 188, 194
Catástrofes naturales 70
Catolicismo 56
Católicos 56
Caudillo de España 37
Causa borbónica 34, 86
Censura informativa 60
Centrista 55
Centro docente 66
Centro político 40
Centros sanitarios 78

Cese del Gobierno 127
Ciencia 79
Científicos 79
Circunscripción electoral 101
Ciudad 161
Ciudades de Ceuta y Melilla 42, 95, 196, 200
Civilización occidental 90
Cohesión social 32, 172
Colaboración con la Justicia 142
Colegios 59, 65, 67
Colegios profesionales 73
Comarca 130
Comisiones de investigación 109
Comisiones de las Cámaras 108
Comisiones parlamentarias 135
Comité de huelga 68
Competencias de las Comunidades Autónomas 172
Competencias del Tribunal Constitucional 189
Competencias exclusivas del Estado 173
Composición del Gobierno (de España) 123
Comunidad Autónoma 168, 30, 32, 161, 172, 178, 193
Comunidad identitaria superior (España) 29
Concordia 31
Conde de Barcelona (Felipe VI) 90
Confederal 164
Congreso de los Diputados 101, 99-120
Conquistas españolas 22, 90
Consejo de Estado 133
Consejo General del Poder Judicial 144-145
Consejo Insular 103
Consenso 24
Constitución Española 20, 23, 24, 31, 39, 41-43, 46, 47, 128, 163, 171, 177, 184, 189, 193, 204
Constitucionalistas 184
Consulados 77, 130
Consumidores 83
Control de los Órganos de las Comunidades Autónomas 181
Control del Gobierno 99
Control judicial de la Administración Pública 132
Convenios colectivos 74
Convivencia pacífica 19-21, 32, 33, 40, 43, 46, 55
Cooperación 19, 22, 30, 50
Cooperación entre Comunidades Autónomas 169
Coordinación 129

Coordinación de competencias legislativas 177
Corona española 42, 88-98, 154, 182, 193, 195
Correo electrónico 58
Corrupción 71, 185
Cortes Generales 99-120
Crisis económica 21
Cristianos 54
Cuenta General del Estado 159-160
Cuestión de confianza 136
Cuestión de inconstitucionalidad 191
Cultura 21, 176
Cultura española 78
Cumplimiento de las leyes 43
Deberes de los españoles 51, 52
Deberes fundamentales 46-50
Declaración de guerra 95
Declaración de los Derechos del Hombre y el Ciudadano 47
Declaración Unilateral de Independencia 42, 164
Declaración Universal de Derechos Humanos 47
Decreto Legislativo 115
Decretos-Leyes 115
Defensa de la Patria 69, 70
Defensa de los consumidores 83
Defensa judicial de los derechos 63
Defensor del Pueblo 85
Déficit presupuestario 157
Delegación legislativa 113
Delegado del Gobierno 129, 182-183
Delincuentes 64
Democracia 20, 22, 24, 29, 33, 39, 40, 42, 89, 106, 122, 128, 143, 164, 166, 182, 190, 191, 195
Democracia coronada 28
Demócrata 22
Denuncias 63
Deporte 78
Derecha 40
Derecho a guardar silencio 55, 57
Derecho a la Autonomía 28, 30
Derecho a la educación 65
Derecho a la información (ciudadanía) 59
Derecho a la vida 53
Derecho a la vivienda 81
Derecho a manifestarse 60
Derecho a matar yihadistas 53, 56

Derecho de información de las Cámaras 134
Derecho de la persona española 50
Derechón 55
Derechos de los españoles 51
Derechos forales 197
Derechos fundamentales 46-50
Derechos laborales 41
Derechos sociales 26
Derechos y libertades 50-87
Derogación de una ley de delegación 114
Desarrollo del sector económico 152
Descentralización 129
Desconcentración 129
Desempleados 76
Deslealtad institucional en Cataluña 34, 184
Desobediencia 31, 33, 86, 128, 142,
Despido 73
Detención 56
Detención ilegal 57
Deuda pública 157
Día de las elecciones 102
Dieciocho años 48, 49
Dimisión del Gobierno 137
Dinero 71, 155, 157, 167, 187
Diputación Permanente 110
Diputado 99-120
Discapacitados 82
Disolución de las Cámaras 137
Disolución de los órganos provisionales autonómicos 201
Diversidad de creencias 55
Divorcio 71
Domicilio 57, 58
DUI 42, 164
Economía de mercado 74, 193
Economía y Hacienda 151
Educación 26, 65
Educación católica 66
Eficacia 128
Ejército 41
Ejército de Tierra 42
Ejército del Aire 43
Ejército profesional español 69
Elaboración de las leyes 112
Elaboración del Estatuto de Autonomía 170

Elecciones 102, 104
Elementos dogmáticos 26
Embajadas 77, 95, 130
Emigración 58, 77
Empresas españolas 41
Enfermos graves 78
Enseñanza básica obligatoria 66
Enseñanza fascista 66
Esclavos 22, 48
Escritores 79
Escudo de España 28
Escudo oficial de España 38
Espacios naturales 79, 80
España 20-22, 24, 26, 29-32, 41-43, 48, 75, 77, 80, 128, 161, 163, 173, 185, 204
Español (lengua española) 34-36, 90
Españoles 19, 20, 25, 29, 47, 65, 69, 75, 78, 98
Especulación inmobiliaria 81
Estabilidad presupuestaria 157
Estado autoritario 27
Estado de Alarma 138
Estado de Derecho 19, 20, 24, 27, 30, 32, 44, 104, 128, 177
Estado de excepción 138
Estado de sitio 139
Estado democrático 27
Estado independiente 30
Estado policial 31
Estado social y democrático de Derecho 26, 27, 34, 73, 78, 185, 193, 195
Estatuto de Autonomía 33, 163, 170-171
Estatuto de los funcionarios 130
Estatuto de los Trabajadores 73
Estructura del Tribunal Constitucional 192
Estudiar 66
Extradición 49
Extranjeros 49
Extranjeros enfermos 78
Extrema derecha 40
Fachas 40
Familia 75
Familia Real 96, 98
Fanatismo religioso 54, 55
Fascistas 27, 40, 128, 182, 193
Fecha electoral 102
Federación 164

Federalismo 164
Felicidad en España 25
Felipe II 39
Felipe V 30, 34, 185, 197
Felipe VI 28, 30, 41, 42, 88-98, 182, 195
Ficción literaria 59
Finanzas autonómicas 185
Fiscal General del Estado 146, 148
Fondo de Compensación Interterritorial 187
Formación profesional 76
Fronteras libres y democráticas 42
Fuerzas Armadas 33, 41-43, 53, 87
Fuerzas y Cuerpos de Seguridad del Estado 131, 33, 53, 55, 60, 61, 87, 191
Función pública de la riqueza 151
Funcionario 63
Funciones del Congreso de los Diputados 102
Funciones del Rey de España 94
Fundaciones 72
Fundamentalista islámico 54, 55
Ganadería 152-153
Garantías jurídicas 44
Gastos (PGE) 155
Generalitat de Cataluña 33, 58, 164, 170, 184, 189, 190
Generosidad 72
Gestas históricas de España 22, 48, 90
Gobierno (de España) 123, 176, 190
Golpe de Estado institucional 30, 33, 163, 184, 190
Gratuidad de la Justicia 143
Guardia Civil 131, 42
Guerra Civil 32
Guerra contra independentistas 69, 196
Guerra contra otro país 69, 86, 95, 196
habeas corpus 57
Hacienda local 167
Hacienda Pública 70, 151
Herencia 71
Hijos 66, 75
Hinduismo 55
Hispanoamericanos 90
Hispanohablante 36
Historia de España 22, 23, 29, 33, 34, 35, 37, 38, 47, 55, 65, 80, 96, 128, 161, 190
Hogar 58
Horas de trabajo 74, 76

Huelga 68, 73
Huelgas políticas 68
Iberia 55
Ideología 54-55
Iglesia católica 56
Igualdad 43, 44
Igualdad ante la ley 52
Igualdad territorial 162, 165
Ilegalidad 43
Imperio de la Ley 140-150, 20, 24, 33, 41-43, 46, 48, 52, 64, 83, 85, 163, 182, 184, 185, 191
Imperio español 22, 48
Impuesto sobre sucesiones 71
Impuestos 70
Inamovilidad de los Jueces 141
Incendios forestales 70, 79
Incompatibilidad de los Diputados 104
Incompatibilidad de los Jueces 150
Indemnizaciones 72
Indemnizaciones por errores judiciales 144
Independencia de la Justicia 141
Independentistas 21, 27, 29-34, 38, 41-43, 59, 66, 67, 69, 86, 89, 105, 107, 151, 163, 164, 170, 177, 182, 184, 190, 193, 194
INEM 130
Infancia 75
Información veraz 59
Ingresos (PGE) 155
Iniciativa autonómica 169
Iniciativa de la reforma constitucional 193
Iniciativa legislativa 116
Injurias 57
Inmigrantes ilegales 78
Inmunidad parlamentaria 105
Instituciones de las Comunidades Autónomas 180
Instituto de enseñanza 59, 65, 67
Insultos 57
Integridad territorial de España 42, 43, 185
Interpelaciones parlamentarias 135
Intervención del Estado en las Comunidades Autónomas (Artículo 155) 183-185
Intimidad 57
Invasiones musulmanas 55
Investigación científica 79
Inviolabilidad parlamentaria 100, 105

Irretroactividad 45
Islam 55
Islamismo radical 52, 54
Islas 166
Izquierdas 40
Izquierdista 55
Jefe del Estado 88
Jerarquía 128
Jerarquía normativa 44
Jornada laboral 74, 76
Juan Carlos I 88, 204
Judaísmo 55
Jueces 63, 140-150
Juicio 63, 140-150
Jurado 148
Justicia 140-150, 19, 20, 43, 63, 64, 85
Justicia gratuita 63
Justicia ordinaria 65, 140-150
Juventud 81
Juzgado de Paz 141
Juzgado de Primera Instancia e Instrucción 141
Juzgados 144
Legalidad 43, 140-150
Legislatura (Diputados) 102
Legislatura (Senadores) 104
Lengua identitaria (el español) 35
Ley 43, 112, 140-150
Ley Suprema del Estado 163, 171, 177
Leyes de reparto de competencias 178
Leyes orgánicas 112
Libertad 19, 20, 43, 44
Libertad de circulación 58
Libertad de empresa 74
Libertad de enseñanza 65
Libertad de expresión 59, 60, 182
Libertad de fundación 67
Libertad de movimiento 58
Libertad de pensamiento 55, 59
Libertad de sindicación 67
Libertad ideológica 54
Libertad literaria 59
Libertad religiosa 54
Limitación a las leyes de bases 114
Límites de déficit 158

Literatura libre 59
Madrid 39
Malas prácticas administrativas 45
Maltratadores 53
Maltrato físico 53
Maltrato psicológico 53
Mancomunidad de municipios 130
Mandato imperativo 100
Mandato parlamentario 100
Manifestaciones 86
Mar 154
Matraca independentista 106, 116, 120, 164, 165
Matrimonio 71
Mayoría absoluta 111, 126
Mayoría de edad 49
Mayoría reforzada 194
Mayoría simple 111, 126
Medio ambiente 79
Memoria colectiva 23
Micronacionalismo regional 164
Miembro del Jurado 148
Ministerio 127
Ministerio Fiscal 146
Ministros 126, 127
Moción de censura 136
Monarquía parlamentaria 28, 34, 42, 88, 97, 182, 193, 195
Moncloa 39
Montaña (sector económico) 153
Monumentos 72
Moral cristiana 66
Municipio 130, 161, 166
Musulmanes 80
Nacer en España 48
Nación española 19-29, 32, 34, 40, 62, 69, 80, 89, 161, 163, 164, 182, 190
Nación indivisible 28, 32, 33
Nacionalidad española 47
Nacionalidad histórica 29-31
Nacionalidad-región 29, 30, 32, 48
Nacionalista 30, 31, 34, 65, 66, 152, 163, 164, 170, 182, 194
Naturaleza histórica española 29
Naturaleza humana 47
Nazionalista 31, 163, 170
Necesidad patriótica 48
Niños 60, 66, 75, 76

Nivel educativo 65
Nombramiento de los Ministros 126
Nombramiento del Presidente del Gobierno 125
Normas 43, 177
Objetivos de la Constitución 26
Obligaciones militares 70
Occidente 22, 23, 42, 47, 48, 54, 80, 81, 90
Ofensas a la bandera española 37, 38
Oligarquía catalana 182
ONU 48, 76
Oposición catalana 34
Orden constitucional 42
Ordenamiento jurídico 24, 43, 62
Organización del Tribunal Constitucional 192
Organización política española 26
Organización territorial del Estado 161
Organizaciones profesionales 83
Órganos de las Comunidades Autónomas 180
Orgullo de ser español 30
Origen de España 25, 29
Padres 66, 67, 75
Países iberoamericanos 22
Palacio de Marivent 96
Palacio Real de la Zarzuela 96, 154
Parados 76
Paramilitares 62
Parlamento 99
Participación ciudadana 131
Participación en empresas y organismos públicos 152
Participación política 21, 40, 62
Partidos políticos 39, 40
Patria 20, 22, 24, 25, 29, 31, 32, 34, 41, 43, 62, 70, 77, 78, 83, 87, 88, 98, 154, 161, 163, 176, 185, 190
Patrimonio Nacional 96, 154
Patriota 22
Patriotismo 29, 62, 80
Pedanía 130
Pena de cárcel 56, 64
Pensamiento crítico 81
Pensiones 77, 82
Periodistas 79
Persona 46
Personas mayores 83
Pesca 152-153

Peticiones a las Cámaras 109
PGE (Presupuestos Generales del Estado) 155-157
Plan Económico del Gobierno 153-154
Planificación de la actividad económica 153
Playas 72, 154
Pleno de la Cámara 108
Pleno empleo 76
Pluralismo cultural 59
Pluralismo democrático 61
Pluralismo político 24, 26, 27, 39, 40, 62
Pluralismo religioso 54
Pluralismo social 41, 44, 83
plus ultra 128
Podemita 38, 40, 55, 105, 128, 138, 182, 193
Podemización 40, 106
Poder Ejecutivo 123-133
Poder Judicial 140-150, 65
Poder Legislativo 99-122
Poder parlamentario para crear Comunidades Autónomas 169
Poder Real 89
Poderes del Estado 28
Policía 131, 42, 53, 56, 57
Policía Judicial 148-150
Populistas 40, 193
Posesiones de ultramar 22, 48
Potestad legislativa 99
Potestad tributaria 155
Preámbulo 19, 20
Preguntas parlamentarias 135
Presidencia del Gobierno 124
Presidente de la Cámara 106
Presidente del Tribunal Constitucional 189
Presos 64
Presunción de inocencia 63
Princesa de Asturias 88, 91
Principio de Estabilidad Presupuestaria 157
Principio de legalidad 44
Privación de libertad 64
Procesiones religiosas 55
Proclamación del Rey de España 93
Profesión 73
Profesores 59, 66, 67
Proindependentistas 40, 65
Promulgación de las leyes 119

Propiedad privada 71
Proposiciones de ley 117
Prorrepublicanos 40
Protección diplomática 50
Provincia 161, 166
Proyectos de ley 117
Publicidad de las actuaciones judiciales 143
Publicidad de las sesiones de las Cámaras 111
Pueblo 161
Pueblo español 24, 27, 99
Querella 63
Radicalismo 55, 170
Reafirmación histórica 22
Rebeldía 31
Reclusos 64
Recurso de amparo 84, 191
Recurso de inconstitucionalidad 191
Recursos de interés público 72
Recursos de las Comunidades Autónomas 186
Recursos municipales 167
Recursos naturales 79
Redistribución de la renta 76
Reeducación 31
Referéndum 119
Referéndum falso 58, 104, 177
Reforma constitucional 193-196, 23, 33
Reforma del Estatuto de Autonomía 171
Reforma esencial de la Constitución 195
Reforma especial de una parte de la Constitución 195
Reformas ordinarias de la Constitución 194
Refrendo de los actos del Rey de España 95
Refundición de textos legales 114
Regencia 92
Régimen fiscal de Canarias 198
Regímenes locales especiales 130
Región 29
Reglamentos de las Cámaras 106
Reina de España (Reina doña Letizia) 92
Reino de España 22, 38, 39, 48, 90, 163
Relaciones sexuales satisfactorias 54
Religión católica 56, 66
Religión islámica 52, 54, 55
Religiones 52
Representación proporcional 101

Republicanos 28, 89, 105, 128, 170, 182, 193
Respeto a la Ley 43
Responsabilidad del Gobierno 127
Responsabilidad parlamentaria del Gobierno 134
Retroactividad 64
Reuniones de gente en la calle 60
Reuniones parlamentarias 100
Rey de Aragón (Felipe VI) 90
Rey de España 88-98
Rey de Galicia (Felipe VI) 90
Rey de Gibraltar (Felipe VI) 90
Rey de las Islas Canarias (Felipe VI) 90
Rey de Mallorca (Felipe VI) 90
Rey de Navarra (Felipe VI) 90
Rey de Valencia (Felipe VI) 90
Reyes Católicos 33
Riqueza económica de España 151
Rojerío inmundo 128
Rojos 40, 89, 128, 182, 193
RTVE 130
Sabiduría nacional 21
Salario 73, 74
Salud 53, 78
Salud reproductiva 54
Sanción de las leyes 119
Sangre derramada 30
Sangre Real 88
Sanidad 26, 71, 125, 156, 173, 174, 176
Sección de Fiscalización 159
Secretario de Estado 127
Secretario General 127
Secreto de las comunicaciones 58
Sedicioso 43
Seguridad 19, 20, 56
Seguridad jurídica 27, 45
Seguridad nacional 59, 62
Seguridad Social 77, 64, 78, 152, 174
Semilla identitaria 22
Senado 103, 99-120, 39
Senador 103, 99-120
Sentencia del Tribunal Constitucional 191
Sentimiento patrio 39, 165
Señor de Vizcaya (Felipe VI) 90
Ser español 29

Servicio militar 70
Servicios mínimos (huelga) 68
Servicios municipales 167
Sesiones conjuntas de las Cámaras 107
Sesiones de las Cámaras 107
Sexo 52
Símbolo físico supremo 37
Símbolo perpetuo de la Patria 38
Sindicatos 40, 41, 67, 68
Sistema educativo español 66, 67
Sistema electoral 104
Sistema judicial 140-150
Sistema tributario 70
Soberanía nacional 19, 26, 27, 163, 184, 193
Solidaridad 28, 30, 32, 33, 72, 77, 79, 162-165, 185, 187
Solidaridad territorial 162, 164
Subdelegado del Gobierno 129
Súbditos del Reino de España 48, 90
Subsecretario 127
Sucesión en la Corona 91
Sueldo 73, 74
Sueldo de Parlamentario (Diputado o Senador) 105
Superley 193
Supremacía histórica 21
Suspensión de derechos y libertades 86
Tercera edad 82
Territorio nacional 34, 39, 48, 58, 70, 79, 120, 165
Territorios de ultramar 48
Territorios forales 197
Terrorismo institucional 86
Terrorismo yihadista 53, 70
Terroristas 41, 53
Texto patriótico 24
Tierra 79
Tolerancia religiosa 54
Tortura 53
Trabajo 73, 74
Traición a la Corona 30, 33, 34, 86, 120, 142
Traidor 43, 128, 163, 185
Tratados internacionales 120-122
Tribunal Constitucional 188-192, 39, 85, 154, 165, 170, 182
Tribunal de Cuentas 159, 182
Tribunal Superior de Justicia 141, 181
Tribunal Supremo 145, 140, 165

Tribunal tradicional 148
Tribunales 144, 63, 85
Tribunales de honor 65
Tributos propios (Comunidad Autónoma) 155
Turismo por España 58
Tutela del Rey 93
UCO 149
UDEF 149
UDEV 149
UDYCO 149
UIT 150
Ultraizquierdista 40
Ultraje a la bandera española 38
Unidad Imperiosa y Real de España 29
Unidad Jurisdiccional 142
Unidad nacional 28, 33, 69, 86, 91, 161, 184
Unidad territorial española 31, 69, 165, 193
Unión Europea 48, 120
Universidades 59, 65, 67
Vacaciones 73
Valores cívicos occidentales 66
Valores primordiales de España 26
Vascos 30, 31, 35, 38, 62, 65, 66, 69, 86, 90, 105, 151, 163, 170, 171, 177, 184, 188, 194
Vejez 82
Venezuela 48
Viajar por España 58
Vicepresidente 129
Vida 53, 58
Vida privada 57
Vinculación histórica 48
Violencia justificada 43
Vivienda 81
Vivir en España 25, 26, 30, 40
Voluntad popular 24, 27, 32
Votantes 40
Votar 40, 62, 102, 104
Voto cautivo 128
Voto de investidura (Presidente) 126
Voto directo 101
Voto igual 101
Voto libre 101
Voto secreto 101
Voto universal 101

Votos 39, 40, 62, 101
Votos para reformara la Constitución 194
Yihadistas 27, 52-56, 70
091 (teléfono Policía Nacional) 131
112 (teléfono Emergencias) 131
1714 (fecha) 34, 185
1789 (fecha) 47
1948 (fecha) 47
1978 (fecha) 23, 28, 31, 32, 43, 88, 104, 155, 163, 184, 204

www.ingramcontent.com/pod-product-compliance
Lightning Source LLC
Chambersburg PA
CBHW020643220526
45464CB00001B/276